销售就要会沟通

袁邵俊◎著

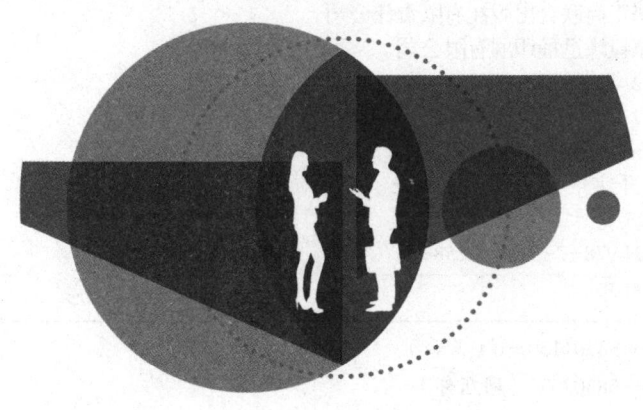

中华工商联合出版社

图书在版编目（CIP）数据

销售就要会沟通 / 袁邵俊著
. — 北京：中华工商联合出版社，2021.12
ISBN 978-7-5158-3258-6

Ⅰ.①销… Ⅱ.①袁… Ⅲ.①销售学 Ⅳ.①F713.3

中国版本图书馆 CIP 数据核字（2021）第 252524 号

销售就要会沟通

作　　者：	袁邵俊
出 品 人：	李　梁
图书策划：	陈龙海
责任编辑：	胡小英
装帧设计：	王玉美
责任审读：	李　征
责任印制：	迈致红
出版发行：	中华工商联合出版社有限责任公司
印　　刷：	北京毅峰迅捷印刷有限公司
版　　次：	2022 年 4 月第 1 版
印　　次：	2022 年 4 月第 1 次印刷
开　　本：	710mm×1000mm　1/16
字　　数：	234 千字
印　　张：	15.25
书　　号：	ISBN 978-7-5158-3258-6
定　　价：	58.00 元

服务热线：010—58301130—0（前台）
销售热线：010—58302977（网店部）
　　　　　010—58302166（门店部）
　　　　　010—58302837（馆配部、新媒体部）
　　　　　010—58302813（团购部）

工商联版图书
版权所有　侵权必究

地址邮编：北京市西城区西环广场 A 座
　　　　　19—20 层，100044
http://www.chgslcbs.cn

凡本社图书出现印装质量问题，请与印务部联系
联系电话：0—58302915

投稿热线：010—58302907（总编部）
投稿邮箱：1621239583@qq.com

目录 CONTENTS

上篇

销售口才艺术：
用话语打动客户

前　言 / 1

第一章　销售靠口才，好口才成就好业绩 / 3

1. 好口才是销售事业的敲门砖 / 4
2. 好口才能赢得客户信任 / 5
3. 好口才更易说服客户 / 7
4. 好口才并非天生，勤奋修炼才是王道 / 8
5. 好口才不只是会说，还要会听 / 10
6. 好口才让销售步步为营 / 11

第二章　礼貌先行：用礼貌打动客户 / 15

1. 礼貌可以融化客户内心的冰山 / 16
2. 礼貌以真诚为贵 / 17
3. 用在合适的场合，礼貌才有效 / 19
4. 自然的礼貌礼节，不做作 / 20
5. 礼貌用语还要与礼貌的举止相协调 / 22
6. 注意：客套话不可太随意 / 24

第三章　话语攻心：牢牢抓住客户 / 27

1. 开口之前先摸清客户的心理 / 28
2. 话语直指客户痛点 / 30
3. 强化客户关注的关键点 / 31
4. 抓住客户最在意的去说 / 33
5. 为客户描绘美好蓝图 / 35
6. 大胆地说，坚持正确的 / 37

目录 CONTENTS

上篇
销售口才艺术：用话语打动客户

7. 注意：话语攻心不能伤害客户 / 39

第四章　真诚赞美：拉近与客户的距离 / 41
1. 真诚的赞美让客户无从拒绝 / 42
2. 赞美也要掌握时机 / 43
3. 寻找赞美的突破口 / 45
4. 赞美客户有目共睹的优点 / 47
5. 赞美不能过分夸张 / 48
6. 注意：赞美不是阿谀奉承 / 50

第五章　专业制胜：像专家一样讲话更可信 / 53
1. 做好销售首先要做产品行家 / 54
2. 行为专业＋口才专业，让销售员看上去就靠谱 / 55
3. 尽量用肯定的词语，少用模糊的描述 / 57
4. 产品介绍专业化，不出纰漏 / 59
5. 注意：专业不等于客户听不懂的术语 / 61

第六章　幽默救场：幽默让客户放松和停留 / 65
1. 幽默是化解尴尬的"金钥匙" / 66
2. 幽默要与产品活动有关联 / 67
3. 幽默带点启发，威力无穷大 / 69
4. 笑点要低，轻松传递快乐 / 71
5. 分清场合，别让幽默起到反作用 / 73
6. 注意：把握好度，不是任何幽默都好笑 / 74

上篇

销售口才艺术：用话语打动客户

第七章 谦虚客气：客户更愿意说出自己的想法 / 77

1. 谦虚点，让客户找到发挥的空间 / 78
2. 谦虚就是给客户面子 / 79
3. 谦虚不是一无所知，别让客户看低了你 / 81
4. 注意：谦虚不是妥协 / 83

第八章 话语巧妙：赢得客户的心 / 85

1. 巧妙话也得说得自然才行 / 86
2. 配合行动，让话语更巧妙 / 87
3. 说不通了，可以做个假设 / 89
4. 真话太直接，可以绕个弯 / 91
5. 客户热情不高，不妨适度激将 / 93
6. 制造惊喜，客户更愿意听下去 / 95
7. 注意：说巧妙话千万不能耍小聪明 / 97

第九章 发问技巧：增大成功的可能性 / 99

1. 多问才能得到更多的收获 / 100
2. 发问要掌握逻辑顺序 / 102
3. 开放性问题能得到更准确的答案 / 103
4. 巧妙设问，把答案都掌握在自己手中 / 105
5. 提问也要适度，把握尺度是关键 / 107
6. 提问不能咄咄逼人 / 109
7. 注意：提问不能只顾自己的疑惑，不顾客户的感受 / 110

目录 CONTENTS

下篇 销售场景实战：用话语征服客户

第十章 电话销售：让销售不畏空间距离 / 115

1. 电话陌访，不让客户一听就挂的秘密 / 116
2. 礼貌与尊重让客户更愿意听 / 118
3. 巧妙自报家门，让客户感兴趣 / 120
4. 讲话有逻辑，客户才不会反感 / 123
5. 单刀直入，快速进入重点 / 124
6. 注意：完全照搬话术，你的销售只会是一次无聊的"骚扰电话" / 127

第十一章 拓展客户：如何说才能让客户络绎不绝 / 131

1. 敢于开口告诉身边的人你在推销什么 / 132
2. 陌生拜访，话说对了闭门羹就少了 / 134
3. 巧妙搭讪，陌生人也不再陌生 / 136
4. 预约拜访，充分征求客户的意见 / 138
5. 注意：不要张口就推销你的产品 / 141

第十二章 精彩开场：激发客户的兴趣 / 143

1. 寒暄开场，用温情打动客户 / 144
2. 抛出悬念，引爆客户的好奇心 / 145
3. 拉家常，让客户快速入境 / 148
4. 随机幽默，客户愿意跟着你的思路走 / 149
5. 好问题，引发客户的思考和参与 / 151
6. 说得有创意，客户印象更深刻 / 152
7. 注意：开场点燃客户的兴趣是关键 / 154

下篇 销售场景实战：用话语征服客户

第十三章　产品介绍：用专业创建信任 / 157

1. 专家一样渊博的知识，客户易懂的通俗语言 / 158
2. 抓住客户核心需求，着重介绍 / 159
4. 自曝其短，有缺陷才更真实 / 162
5. 逻辑清晰，优势突出，客户才会欲罢不能 / 164
6. 注意：产品介绍不是产品吹嘘 / 166

第十四章　销售跟进：用话语扫清销售障碍 / 169

1. 找到恰当的理由，与客户保持联系 / 170
2. 逢年过节，送上关心与祝福 / 171
3. 提问引导，寻找客户犹豫不决的原因 / 172
4. 仅剩一件，刺激客户拍板 / 173
5. 注意：一个老客户的故事比产品介绍更管用 / 175

第十五章　化解疑虑：专业 + 缜密，让你的话术无懈可击 / 177

1. 不踩客户"雷区"，婉转给出建议 / 178
2. 话说七分，客户也会信任你 / 179
3. 说话留余地，变被动为主动 / 180
4. 和气生财，不要和客户争辩 / 182
5. 充分展示卖点，客户无从辩驳 / 183
6. 传递物超所值理念，获取客户信任 / 185
7. 注意：报价不能太早，适时报价才利于成交 / 186

目录 CONTENTS

下篇 销售场景实战：用话语征服客户

第十六章 客户拒绝：巧用话语挽回 / 189
1. 价格拆分，客户更容易接受 / 190
2. 耐心包容，给足客户面子 / 191
3. 比客户更"专"，好货不等人 / 193
4. 限定时间，别给客户太长的犹豫期 / 194
5. 高冷客户面前，温情话语打破壁垒 / 196
6. 注意：客户需要安全感 / 197

第十七章 讨价还价：让客户感觉物超所值 / 199
1. 抬高客户，让客户不好意思再压价 / 200
2. 设立人脉账户，用人情打动客户 / 201
3. 让销售充满人情味 / 203
4. 价格细分，小数字更容易被客户接受 / 204
5. 赠品的价值不能忽略 / 206
6. 保护客户利益，让客户觉得值 / 207
7. 注意：让客户认同你比认同价格更重要 / 208

第十八章 促进成交：话说到位，成交水到渠成 / 211
1. 激起客户的"尝鲜欲"，激发其购买欲 / 212
2. 将客户心理作为销售策略制订依据 / 213
3. 假设成交后的美好及放弃购买的后果 / 214
4. 用激将法给客户添一把火 / 215
5. 满足客户的"攀比"心 / 217
6. 瘾式引导，让客户上瘾 / 218
7. 从众心理，让客户无法抗拒 / 219

下篇

销售场景实战：
用话语征服客户

8. 注意：大家都有的优惠不如个性化的优惠 / 221

第十九章　售后服务：让客户感受到
**　　　　　始终如一的温暖关怀 / 223**

1. 人人渴望的 VIP 待遇 / 224
2. 同类产品对比，让客户吃下"定心丸" / 225
3. 定期回访有助于成为回头客 / 226
4. 给足承诺的售后服务 / 227
5. 客户投诉也要礼貌对待 / 229
6. 注意：收款前后大相径庭要不得 / 230

前言 PREFACE

如今的网络信息时代，销售再也不是坐等客户上门的时代，反而成了主动出击、讲求技巧的时代。面对消费者消费需求和消费心理的变化，如今的销售员怎样才能成为一名优秀的销售员，做出骄人的业绩呢？这是每个销售员都迫切需要解决的问题。

当今的销售工作极富挑战性，而销售员也面临着新的挑战。做好销售，绝非易事。销售员需要具备一定的专业知识、促成技巧、攻心策略、口才艺术，而口才更是展现销售员个人魅力与销售能力的关键所在。

有的销售员一开口就让客户觉得舒服、靠谱，愿意继续了解销售员及其介绍的产品，即使他的产品并不完美，也并不影响最终的成交。而有的销售员，即使绞尽脑汁、费劲口舌，客户也未必买账。这两种销售员的业绩自然是天壤之别，这其中的关键就是口才。

好口才并非天生的。世界成功学大师卡耐基曾经说过："口才并不是一种天赋的才能，它是靠刻苦训练得来的，销售口才也是如此。"对销售员来说，唯有勤奋学习、勤加练习，方能练就卓越的口才，不断创造销售佳绩。

人们都说做销售的都是能说会道的，的确如此，好口才是好业绩的基石。在销售过程中，销售人员必须与客户沟通和交流才能达成交易。销售就是一场口才和心理的博弈，要想获得好的销售业绩，销售员就必须在把握客户心理的基础上，用良好的口才说服客户，让客户买得放心、买得开心、买得舒心。

有人说，人人都会说话，我们每天都在说话。的确如此，但如何说客户才愿意听，如何说客户才会被打动，未必每个销售员都懂得其中的玄机和道理。

如果你不知道如何从陌生人中发掘客户，如果你在与客户通话之前会发怵，如果你面对客户的拒绝只能任其离开，如果你面对客户的讨价还价无从应对，如果你在客户交款成交后就与之无话可说，那么你确实需要大量的口才学习和训练，而本书会为您提供切实的指导和参考。

本书分为两大部分：上篇——销售口才艺术，下篇——销售场景实战。上篇重在让读者体会销售口才的神奇之处和艺术魅力，引起读者对于销售口才的重视，下篇重在讲授在各销售环节和销售场景中的销售口才实战要诀，帮助读者提升自己的口才水平，教会读者应对各种销售难题。

在下篇中，本书以整个销售环节为主线，将销售环节归纳为电话销售、拓展客户、精彩开场、产品介绍、销售跟进、化解疑虑、客户拒绝、讨价还价、促进成交、售后服务等场景，通过案例和口才要点阐述，使读者领会面对某种场景时为什么要这么说，怎样说才能更有效地促进成交。

希望读者阅读本书后，能在一定程度上领会销售口才的艺术性和重要性，同时通过本书内容得到一定的启示，能够面对销售过程中的种种难题，能够化解销售场景中的尴尬和危机，甚至让看似无望的销售起死回生、反败为胜。

销售是一项神奇的事业，销售是一种讲求艺术的事业，销售更是让一个人光芒四射的事业。练好口才，做好销售，将成就一个人的辉煌人生。愿广大读者都成为销售领域的璀璨之星！

上 篇

销售口才艺术：用话语打动客户

第一章

销售靠口才，好口才成就好业绩

销售是一种高情商的商业活动，更是一门沟通的艺术。好口才是销售员的基本素质，是赢得销售成功的敲门砖。销售员口才好，才能快速赢得客户的信任，才能说服客户愉快成交。然而好口才并非天生，只有勤学苦练才有可能练就一副好口才。

1. 好口才是销售事业的敲门砖

都说做销售要能说会道。的确如此，好口才是销售事业的敲门砖。倘若你一开口就让客户反感，客户都想躲着你，你的销售工作又怎么能取得成功呢？

好口才就是一开口就让人听着舒服，越听越想听。销售的好口才就是用语言打动客户，说到客户心坎里，说得客户愿意听。

案　例

　　小王是某中老年服装店的销售员。一天早上，一位中年女士走进店里，小王赶忙上前打招呼："早上好，欢迎光临，里面请。"中年女士在一件色彩艳丽的毛呢大衣前驻足了，看了又看，摸了又摸。小王看出了客户的心思，赶忙走上前去，取下这件衣服，对客户说："您看这件衣服多漂亮，非常适合您，可以上身试穿一下。"

　　对于小王的热情，中年女士并没有做出回应，冷冷地说了句："不用了。"就径直走向其他款式的衣服。小王并没有气馁，而是远远地站在一边观察着客户的举动。

　　不一会儿，中年女士又回到那件毛呢大衣旁，又是一番"考量"。这个时候，小王微笑着说："您的眼光真好，这件衣服可是今年的爆款，穿上又显年轻又显身材。"客户犹豫着说："这个颜色会不会太艳了，我都六十了。"小王明白了客户的顾虑，说："您放心，不会的。您保养得这么好，就像我姐姐一样，这个颜色很衬您的皮肤，看着很有朝气呢。"客户脸上终于有了隐隐的笑容，但还是有所顾虑："我有肚子，这款会不会显胖？"小王征得客户的同意，轻轻取下衣服，披在客户的肩上，并为客户扣好扣子，看着镜子里的客户说："您看，这件衣服是韩版的，专门为咱们这个年纪的人设计的，您瞧这条拼接，

> 把身材修饰得多好。"客户对着镜子，左看右看，上看下看，露出了满意的笑容。

毫无悬念，小王做成了这单。因为小王靠着好口才打破了与客户初遇的冰冷氛围，打消了客户的顾虑，并且把适合客户的衣服巧妙地展示给了客户。客户在小王的帮助下买到了满意的商品，自然开心。

不难发现，现实中做得好的销售员都能说会道，能把客户说得心花怒放，仿佛他们的工作就是哄客户开心。客户开心了、满意了，成交就是水到渠成的事。这便是好口才的强大力量。

好口才是销售事业的敲门砖，能帮助销售员打开客户的心门，与客户建立深厚的感情和信任，让销售员更有感召力和影响力，从而让销售顺利进行。

2. 好口才能赢得客户信任

没有信任就没有成交，成交是建立在信任基础之上的。那么，销售员如何让客户从陌生人变成朋友，从而产生信任关系呢？靠口才！好口才可以帮助销售员赢得客户的信任。

案 例

> 小赵是某食品企业的销售人员，工作勤奋并且口才非常了得，客户都对小赵的服务特别满意，特别是经销商刘总更是逢人就夸小赵。小赵在开拓新市场的时候，请刘总帮自己介绍客户，刘总非常爽快地答应了，并向小赵介绍了同行经销商张总。小赵信心满满地去拜访张总。
>
> 小赵如约敲开了张总办公室的门。他衣着整齐，面带微笑，先向张总做了自我介绍，然后非常诚恳地说："非常感谢张总在百忙中抽

出时间与我会面。"

张总："不用客气，我也是给刘总个面子。"

小赵："张总，我听汇源商贸刘总说，跟您做生意最痛快不过了。他总是说您是一位热心爽快的人。"

张总："哦？你和刘总很熟吗？"

小赵："是的，我们和刘总合作两年了，合作非常愉快。刘总常常不经意间流露出对您的钦佩……"

张总："刘总可是我在这个行业的老大哥了，谈谈你们是怎么合作的。"

就这样，小赵对张总又是赞美又是靠着刘总的关系套近乎，很快就打破了张总的心理防线，让张总对其产生了好感和信任，赢得了与张总详谈合作的机会。

试想一下，如果小赵在张总面前都不敢开口说话，张总见到这么一位不自信的销售员，会开开心心与之谈业务吗？肯定不可能。客户看你这个销售员"不顺眼"，自然也不会立马对你的产品产生好感。如果你不能第一时间给客户好感，不能快速打动客户，事后要想弥补在客户心中的形象并建立信任关系，就会难上加难。

好口才能够让销售员一开口就收获客户的芳心，产生深入交谈的愿望，并且会成功打破销售员与客户之间的陌生感，让彼此觉得越说越投机。这便是信任的萌芽。

进而，通过销售员的好口才圆满回答客户的各种问题，消除客户心中的疑虑，扫清成交之路上的拦路虎，客户就会充分信任你，愿意相信你推荐的产品，愿意接受你提供的服务。到这一步，有了客户的充分信任，成交还难吗？成交还远吗？显然近在咫尺。

因此，好口才可以助你与客户快速产生信任。练好口才，你就不用再绞尽脑汁、费尽力气证明你的真心和善意。拥有好口才，一开口、一交谈，客户就充分信任你。

3. 好口才更易说服客户

在成交之前,客户总是会提出这样那样的问题,产生这样那样的质疑,甚至会为不想成交找借口,再或者会对你的产品和服务一通抱怨。面对客户的推脱,销售员要想办法说服客户,说服客户就需要好口才。

案 例

有一天,冯先生在订购的牛奶瓶中发现了碎玻璃渣,为此他愤怒至极。冯先生觉得这是一件非常严重、非常糟糕的事情,而且他对这家公司感到失望透顶。于是冯先生跑到公司总部去投诉。

怒气冲冲地来到经理办公室,冯先生把所有的愤怒都发泄了出来,甚至说了脏话。接待冯先生的刘经理耐心地听完冯先生的一通发泄,赶快将一杯温水递到冯先生面前,并且抱歉地说:"先生,喝口水,慢点说,请您详细地告诉我发生了什么事,好吗?"冯先生情绪依旧激动:"我就是来跟你说这件事的。你们的牛奶瓶中有玻璃碎片。你自己看!"说完,冯先生重重地将握在手里的牛奶瓶放在桌子上。

刘经理仔细一看,很快就明白了事情的原委,严肃地说:"事情的性质这么恶劣,这是会要人命的!喝到肚子里去后果不堪设想。"

刘经理又急切地问:"请您赶快告诉我,有人受伤吗?如果有,我们必须马上把伤者送到医院救治。"说着,刘经理拿起了桌上的电话,准备拨打急救电话。

冯先生见刘经理并没有推卸责任,而是在为客户着急,在全力处理突发状况,情绪稳定了许多。冯先生告诉刘经理,并没有人员受伤,他来只是想告诉刘经理要严肃对待这个问题,避免伤害其他消费者。

刘经理的情绪也由高度紧张而缓和下来,"谢天谢地,还好没有人受伤。"刘经理又站起身来,走到冯先生面前,深深地鞠了一躬,说:

> "非常感谢您,指出了我们工作中的一个重大失误,帮我们消除了隐患。我一定将这件事立即上报公司,以避免类似的事情再次发生。为了感谢您的指导,您的这瓶牛奶我们会按照三倍的价格赔偿。"
>
> 冯先生的情绪恢复了平静,并且对自己的鲁莽行为表示歉意。冯先生并没有因为这个偶然事件而痛恨该牛奶公司,反而还将这个品牌推荐给了邻居和好友。

案例中,刘经理面对冯先生的怒火处理得非常好。刘经理首先保持冷静和理智,其次用真诚的语言表达了自己和公司的歉意,关键是刘经理的话语间尽是对客户及其亲属的急切关心。他用真诚的话语表明自己对客户的理解,并且和客户站在了同一战线上,首先想到的是解决客户的问题,而不是推卸责任。刘经理用自己真诚的态度赢得了客户的谅解,用良好的表达方式说服了客户,并且重新赢得了客户的信任。

在现实中,面对客户的异议和怒火,销售员是不能与客户发生争执的,更不可以为了证明自己是对的而让客户丢了颜面。站在客户的角度去说话,充分表达你在为客户的利益着想,客户就会被你的真诚感动,进而被你说服,顺利促成成交。即便不能当场成交,你的话语也会给客户留下良好的印象,等客户有产品需求时还是会想到你。

4. 好口才并非天生,勤奋修炼才是王道

会说话、口才好不是与生俱来的本领,而是需要勤奋努力锻炼出来的。勤奋练习才是练就好口才的王道。

> 小陈和小李都是市场营销专业毕业的高才生,毕业后两人到同一家公司做销售。入职之初,公司给两人分别安排了师傅来带他们尽快

了解公司业务的相关情况和研判技巧。半年之后，两人都开始开拓自己的市场了。没有了师傅的"陪伴"，小陈和小李要想做出业绩就得各凭本事。

很快两人的业绩就出现了很大的差距。小陈的业绩总是落后于小李，而小李的业绩则一步步攀升，逐渐向公司优秀的销售员靠拢。两人同时进入公司，为什么出现了这么大的差距呢？销售经理决定跟着他们一起去谈单子。

销售经理先跟着小陈去见客户。他发现小陈在与客户交谈的时候总是扭扭捏捏，说话语无伦次，而且翻来覆去地向客户灌输产品的亮点，很多时候客户都会不耐烦地找个理由离开。而且小陈在对客户进行跟踪回访时，对方也总会拒接他的电话。渐渐地，小陈的工作积极性受到了打击，更不敢开口说话了，给客户打电话都要拿着听筒犹豫很长时间，像是害怕说话一样。

销售经理又跟着小李去见客户。他发现无论是老客户还是新客户，只要一见面，小李都能很快和对方熟络起来，而那些老客户更像是小李的朋友一样，他们能热情地打招呼，流畅愉快地交谈，并且时不时地还会互相关心对方，或者聊点与销售和产品无关的话题。小李签单似乎不费吹灰之力，谈笑间就完成了销售任务。

销售经理很欣赏小李的销售能力和口才。而且，他发现小李是个非常勤奋的人，不仅认真准备谈话材料，更是私下里做了不少功课。好几次，销售经理发现小李一个人在公司楼道里反复模拟练习与客户的对话，表情和语言都很投入。

销售经理终于明白小陈和小李的差距所在了。

案例中，小陈和小李同样是销售行业的新人，起初面对客户都会感到迷茫和不知所措，也有过不知如何开口的尴尬经历。小陈选择了消极对待，久而久之，自信心受挫，越来越不敢开口说话。而小李正好相反，他私下里没少下功夫学习与客户的沟通技巧，并苦练口才，渐渐地他对于客户的刁难和推脱都能应对自如，他能靠口才与客户交上朋友，自然能轻松拿下订单。

由此可见，好口才并非天生，而是后天经过自己不断受挫和在挫折中吸取经验和教训，不断地练习、提升、实践，才能取得快速的进步，并让好口才为你的销售事业助力。

业精于勤，荒于嬉，要想拥有好口才，勤加练习不可少。

5. 好口才不只是会说，还要会听

作为一名业绩突出的销售员，好口才必不可少，但在拥有好口才的同时，还要会听。在客户说出自己的想法、表达自己的观点和感情的时候，会听更能得到客户的认可和信赖。

销售过程中，会说是关键一环。然而，若只是销售人员凭着自己的好口才，在客户面前口若悬河，滔滔不绝说个没完，不给客户发言的机会，客户有话想说但没机会说，也是一件很糟糕的事情。

如果销售员啰里啰唆说个没完，就会让客户反感。有时候，销售员说得越多，反而越会让客户觉得这是强烈的推销行为，是在强迫他购买。这样的销售，是会让客户抗拒的。

其实，一边说一边听，让说和听有机结合起来，才能实现和客户的愉快交谈。客户愿意说出真心话是好事，客户说的时候，你认真听就好，并适当做出回应，一方面，你能从客户的话语中了解到客户的真实需求，便于你对症下药展开攻势，另一方面，认真听客户说也是对客户的尊重。

案 例

在某公司的销售部，朱硕是大家口中的口才天才，因为他总是能用话语把扁的说成圆的，而且让人无可辩驳。大家都觉得朱硕应该是销售团队中业绩最好的一个，其实则不然。朱硕有一个毛病：会说不会听。

在与客户交谈的时候，朱硕喜欢一气呵成地介绍产品，而在客户

第一章 | 销售靠口才，好口才成就好业绩

> 提出问题或表达自己的想法时，朱硕的行为就会让客户生气了。因为客户一开口，朱硕就会立马打断客户的话，然后再把自己"天衣无缝"的观点陈述一遍。比较随和的客户在被朱硕打断之后可能就不再言语了。比较强势的客户就会跟他较劲。朱硕也知道跟客户争执没什么好处，很多时候也会选择安静下来，但是他要不就是玩手机，要不就是低头拨弄手指，目光根本不会聚焦在客户身上。客户觉得朱硕没有认真听自己讲话，这是对自己的不尊重。
>
> 无论是哪种类型的客户，朱硕不认真听他们讲话的姿态总是会使其内心产生深深的反感，可能表面上不说，但至少会对朱硕这个人产生看法，甚至影响客户的成交决定。

现实中，朱硕这样的销售员不在少数。销售员不会听也会影响成交，或者延误成交的时机。

不会听，一方面会造成客户的反感，影响自己和公司在客户心中的形象；另一方面，会漏掉客户表达的有价值的信息。比如，客户说了他喜欢高端产品，显得有品味，你若没听进去，偏偏向他推荐经济实惠的产品，他怎么肯接受呢。客户说他需要一个2匹的空调，以满足大面积房间的制冷需求，你没听进去，偏给他推荐1.5匹的优惠力度最大的型号，再便宜客户也不会买。

不会听，你就无法抓住客户的核心需求，致使努力推荐给客户的产品与客户需求不匹配，就会错过成交。不会听，听不出产品对于客户的重要性，也听不出客户给出的成交信号，就会白白错过成交的机会。

因此，一个优秀的销售员既要会说也要会听。认真听，尽力捕捉客户话语中有价值的信息，才能为成交搭桥铺路。

6. 好口才让销售步步为营

人们都说，说话就是生产力，成功靠腿，销售靠嘴。可见，好销售离不

| 销售就要会沟通

开好口才。从拓展客户到产品介绍，到客户跟进，再到促进成交，每一步、每一个环节，销售员都要说话，而且还要把话说对，把话说好。步步为营才能促进销售的成功。

 案 例

有一个人到百货商店应聘销售员，老板给了他一天的试用期。用一天的时间证明自己的能力，这是一项既严苛又残酷的考验。然而这个人接受了挑战。

一天的时间很快过去了，就在百货商店快打烊的时候，老板问这位试用员工："今天接待了几个客户？"

试用员工答："1个。"

老板心里有些失落，他的普通员工每天一般都能接待十来个客户，按照这个标准，这个试用员工一定是个销售庸才。老板不耐烦地问："那你卖了多少货？"

试用员工答道："5000多元。"

这下老板的眼睛亮了："5000多！？"

试用员工把销售记录拿给老板看，5136元，是真的！

原来，这个试用员工接待了一位进店的客户，热情又耐心地询问客户的需求，客户说需要露营的帐篷。这个试用员工详细询问了参加露营的成员人数和性质，得知是一个三口之家、一个五口之家，还有一对恋人一起去郊外露营，试用员工向他推荐了三项不同规格的帐篷，为客户畅想了美好的露营生活，烧烤、游泳……于是客户又让他推荐了烧烤炉具和游泳装备。

5000多的单子就是这样来的。听完这位试用员工的陈述，老板当即对其竖起了大拇指，并决定留用。

案例中，这个试用期的销售员通过良好的口才，与客户成功实现了各个销售环节的沟通，赢得了客户的信任。通过顺畅的沟通，销售员与客户

不再有陌生感；通过站在客户角度的提问，销售员掌握了客户的需求，发现了商机；通过美好蓝图的描绘，客户认可了销售员的推荐方案，并最终实现了成交。

可以说，这位试用期的销售员通过好口才成功主导了整个营销过程。虽然只接待了一位客户，但却给客户提供了全方位的服务，满足了客户的一系列需求。这就是成功的销售，是好口才让销售步步为营。

第二章

礼貌先行：用礼貌打动客户

　　我国是一个文明古国，从古至今礼貌待人都是人际交往的重要组成部分。与人交往，首先要讲究礼貌。有礼貌的人更能受到对方的尊重和认可。做销售同样如此，讲究礼貌礼节，做到适度得体，就能给客户一个好印象，客户也愿意与有礼貌的人打交道。有了客户对销售员的认可，成交更容易达成。

| 销售就要会沟通

1. 礼貌可以融化客户内心的冰山

陌生人之间不仅有隔阂，而且关系也是冰冷的、没有温度的。销售和客户之间更是如此，特别是初次见面或者开发客户时，客户都会对销售员产生防备心理，有的客户认为销售员的话都是套路，首先在态度上就会表现出一种冷漠，用冷若冰霜的表情和言语向销售员"示威"。

这个时候，销售员可能会因为客户的冷漠而感到灰心丧气，认为这个客户肯定没戏。其实客户只是害怕销售员过分的推销，"执着"地推荐客户购买。如果销售员在初次与客户打交道的时候，就礼貌地对待客户，尊重客户，客户就不会产生强制购买的感觉，对待销售员的态度也会改变。

周红和刘兰同是某婴幼儿护肤品牌的销售员。有一天，两人在某小区做品牌宣传，拓展客户。

这时候，有两位女士推着婴儿车来到小区的活动场地。周红和刘兰赶忙迎上去，每人服务一名女士。

周红首先递上了一张宣传彩页，说："您好，这是我们公司的产品，请看一下。"这位宝妈接过单页，看都没看直接放在婴儿车的储物筐里，继续往前走。周红站在后面，望着宝妈的背影，瞪了这位宝妈一眼。

刘兰走向另一位女士，她看到宝宝车上的小玩具快掉了，赶紧帮忙放回车筐里，微笑着说："上午好啊，宝宝的玩具要掉喽。"这位女士停下来对刘兰说了声谢谢。刘兰紧接着说："宝宝真可爱，看这皮肤滑滑的。"这位女士听了刘兰对宝宝的夸赞，没有马上离开，反而摸摸宝宝的脸蛋，说："是啊，天天给她保护着呢。"刘兰赶紧抓住时机，递上一张宣传彩页，说："您真是一位好妈妈。我是××婴幼儿用品的销售员，这是我们的产品，您可以了解一下，对宝宝皮肤

> 特别好。"这位女士接过宣传彩页，看到一款婴儿面霜，于是与刘兰聊起了产品。

短短一分钟的时间，周红只与客户说了一句话，客户就离开了。而刘兰则赢得了客户的好感，与客户聊起了产品。差距如此之大，为什么呢？

原因就在于两人接触客户时的说话方式不同。周红张口就是产品，而且语气显得毫无感情，没有礼貌，客户当然不喜欢与这样的人交流。而刘兰，巧妙地用孩子的玩具开头，并表现出了对宝宝的喜爱，"上午好啊""宝宝真可爱""您真是一位好妈妈"，语气温婉柔和，处处体现着对客户的礼貌和尊重，由此顺利地把话题引到产品上。

可见，在与客户初次接触时，礼貌是很重要的一个方面，可以化解客户的戒备心理。即便销售员已经与客户见过几次面，有过一些接触，甚至双方已经产生了小小的友情的时候，在客户面前也要礼貌待人。

2. 礼貌以真诚为贵

真诚是这个世界上最好的礼物。真诚地帮助他人，真诚地祝福他人，都会得到对方内心的感恩和回应。销售中，销售员真诚地对待客户，客户也会被销售员的真诚打动，即便不能成交，客户也会发自内心地给出自己的回应。

在销售过程中，我们经常可以看到这样的情况，销售员对客户一直客客气气，礼貌有加，但是让客户感到别扭、不自然。为什么会这样呢？因为销售员对客户表现的礼貌不真诚，不是发自内心的。

案 例

> 某餐厅进入了试营业阶段，为了表现出对顾客的热情和欢迎，大堂经理带领部分服务员到餐厅门口迎接客户。他们笔挺地在门口站成

销售就要会沟通

> 两排，有顾客走向餐厅的时候，他们就会弯腰鞠躬，并大声喊："亲爱的顾客，欢迎光临。"走过他们身旁的顾客都会对他们指指点点，但没有丝毫的赞赏，都说太做作了。

案例中，大堂经理和服务员的行为更像是一种工作仪式，弯腰的幅度越大、呼喊的声音越大，越让进门的顾客感到不自然。倒不如给顾客营造一种家一般的温暖和舒适的氛围来得实在。与之相比，海底捞对客户的礼貌和真诚就让人感觉非常舒适。

 案 例

> 海底捞的服务在业界非常有名。走进海底捞，会有领位热情地招呼顾客，一边询问用餐人数和要求，一边把顾客带向匹配的餐位。店内热闹但井然有序，每一个服务员都在做着分内的事情，看到有顾客进来就微笑着说一句"欢迎光临"，然后接着做自己的事。顾客点餐，服务员从不自作主张向其推荐菜品，而是在一旁默默为他们递上围裙，包好顾客的衣服和物品。如果看到散发的女士，会贴心地问上一句："您需要束发皮筋吗？"
>
> 海底捞的服务员会耐心地回答顾客的每一个问题，即使答不上来，也会礼貌地表示歉意。只要顾客在同他们说话，他们都会像和朋友聊天一样礼貌地和顾客交谈。
>
> 餐厅难免会有带小孩的顾客，不用顾客提出要求，他们会根据宝宝的情况送来婴儿车或儿童座椅。如果顾客吃饭时孩子哭闹不止，影响了顾客进餐，他们会主动哄哄孩子，和孩子玩一会儿，让顾客好好吃饭。
>
> 来到海底捞，顾客就像回到家一样，一切都是那么自然，一切都是那么舒心。

海底捞的服务是真诚的，服务员就像在照顾家人一样，顾客会感到自在

和舒服。

因此，销售员必须对客户讲礼貌，而且还必须要真诚。只有真诚、礼貌地对待客户，客户才会被你打动。如果只是出于公司要求或刻意讨好客户，客户一眼就能看出来，不但不会为你的"卖力演出"所感动，反而会觉得你是个做作的人。

真诚的付出才会有真诚的回报，因此，让真诚、礼貌成为你的人格温度，时时刻刻真诚、礼貌地对待你的客户，客户才会回报你以真诚。

3. 用在合适的场合，礼貌才有效

销售员必须知道在什么场合说什么话才能促进销售的成功。销售员对客户讲礼貌是件好事，但是讲礼貌也要遵循得体原则，掌握分寸，在不同的场合对客户表现出相应的礼貌礼节，才能让礼貌行为对销售成功产生正向的促进作用。

案 例

李贞是一家小餐馆的老板兼服务员。她的小店不大，但是每天会接待诸多不同的客人，有附近工厂的工人，有市区上班的白领，也有到城里办事的农民。

虽然在同一个餐馆，是同一个厨师做饭，李贞在招呼客人，向客人推荐菜品时，虽然，菜品有很大的不同，但显得非常得体，有礼貌。

看到工厂工人进门，李贞会说："师傅，今天又加班呢，想吃氽丸子还是过油肉？"因为她知道，工人加班辛苦，体力消耗较大，需要"硬菜"补充体力。李贞这样说，即直接又爽快，符合劳动人民朴实的特点，工人们就爱听。

看到年轻白领进门，李贞会说："几位美女这边坐，靠窗好位置，今天天气热，来火山下雪、清炖牛丸怎么样？"她知道白领们喜欢优雅的环境，对菜品的要求也较高，所以她报上了"富有诗意"的菜名，来此吃饭的白领也是这家小店的常客，和李贞比较熟悉，知道李贞的推荐错不了，也就点头答应。

若是看到乡下来办事的人进店，大包小包拎着直喘气，李贞定会迎上去接过客人手中的包袱，找宽敞的位置给客人坐下，然后边倒温水边说："带这么多东西不清闲吧，先喝口水歇歇。"说着把水递到客户面前："咱们今天来个爽口凉拌菜，再来一斤牛肉水饺怎样？"她知道农民吃农家口味比较多，如今生活水平提高了，进城一趟就吃点物美价廉的新鲜菜，换换口味也未尝不可。顾户一口气喝下半碗水，然后脆生生地回答："中！"

对于不同的人，在这小小的餐馆里，李贞靠自己的好口才和智慧，将小店打理得温馨如家，虽不是多么高档名贵的餐厅，但客人却是络绎不绝，只要来过一回，都会成为小店的常客。

案例中的李贞，了解每一个顾客的性格特点，甚至了解每个顾客所代表的群体的特点，所以她能对顾客施以适当的礼貌礼节，让进店的顾客都觉得亲切舒适，李贞的生意自然就红红火火。

现实中，因为礼貌礼节失当而影响了销售的事情屡见不鲜。这些销售员不是不懂礼貌，而是不懂得在特定的场合下该表现出怎样的礼貌。

礼貌与场合是对应关系，而不是普遍适用的。礼貌在适当的场合才能发挥真正的作用，如果用错了场合反而会招人反感，适得其反。作为销售员，必须熟知不同场合中的礼节，这样才能让点滴的礼貌行为发挥大大的作用。

4. 自然的礼貌礼节，不做作

客户为什么不相信销售员？用一部分客户的话说就是销售员太假，总是忽悠着自己买买买，销售员的话不能听。在客户眼里，销售员说的话、做的事都是刻意为之，就像是为了让客户掏钱而在演习，哪怕是一句礼貌的问候，客户听起来都不是温暖的，而是暗藏了套路一样。

客户的这种反应肯定会让销售员伤心，但是站在客户的角度来反观自己的行为，或许就能理解客户的心情了。

小汪和小郑是某婚纱影楼的销售员。为了拓展业务，影楼决定在某街道举办大型现场签约活动。活动现场，小汪和小郑都要到马路上寻找目标客户，并将客户带到活动现场，由专业人士进行现场销售和签约。

小汪和小郑出发了。路上来来往往的行人很多。为了引导客户来到活动现场，小汪和小郑可谓是用尽了办法。见到年轻人走过来，就会冲上前去拦住他们，然后"美言"一通。

"您好，看您这么年轻貌美，一定是婚纱女神……"

"您好，那边有礼品赠送，过去看看吧。"

"您好，看您满头大汗，到那边坐下歇歇，了解一下我们的活动吧。"

"您好，买这么多东西很重吧，我来帮您提吧，到那边喝杯水。"

两个小时下来，两人的收效甚微，倒是口干舌燥，累得够呛。孙经理见状，走过来对她们说："你们这样哪有真诚可言，会吓到路人的，要自然一点。"小汪和小郑又出发了。

这一次，小汪和小郑有所改进，她们会远远地观察路人，看到有希望成为客户的年轻人就带着宣传专用的小扇子迎上前去，递上小扇子，然后微笑着说："对不起打扰您，我们××婚纱影楼在做活动，您可以过去歇歇脚。了解一下，领个小礼物。"小汪和小郑的脚步没有停下来，他们会随着路人的脚步，一边走一边传播活动信息，和路人交谈一会。

慢慢地她俩找到感觉了，不再一个劲地讲活动内容，而是自然地问候路人、关心路人，送上一句暖心的话，主动递上一张擦汗的纸巾，减轻他们路上的疲乏。她们不再一上来就夸赞路人的美貌或用奖品诱惑，反而坦诚自然地说上一句影楼有活动，对方就会有回应。

案例中，小汪和小郑的销售活动变得更加自然了，这样一来，反而赢得了更好的效果。自然地表现出礼貌礼节，客户就不会觉得销售员带来的是套路，而是一场真诚的产品销售。这样的销售就不会让客户反感，这样的销售员也会得到客户的认可。

现实中，人们看遍了销售中的套路，都知道天下没有免费的午餐，也知道无事没人献殷勤的道理。他们理解销售员的工作，也理解业绩对销售员的意义。客户并非不喜欢销售员为他们带来产品信息，而是不喜欢销售中的那些套路，不喜欢虚夸的奉承，不愿接受销售员带着目的虚情假意的关怀。他们更喜欢销售中的真实和纯粹，夸赞就是真心的夸赞，关心不需要与买卖挂钩，真实地展示、介绍产品，不需要遮遮掩掩。因此，销售员不必拘束、不必紧张、不必刻意，自然一点，就像面对自己的亲友一样，自然地施以礼貌礼节，尽职尽责就可以了。

自然而真诚的礼貌才有温暖人心、感化人心的力量。

5. 礼貌用语还要与礼貌的举止相协调

我们常常用"口是心非"来形容一个人的心口不一，嘴上说一套心里想一套。口是心非的人往往不招人喜欢。在销售中同样如此，说得花哨做得不好的销售员客户也不喜欢，而且得不到客户的信任。

案　例

小林是某服装店的销售员，每天上班从早10点到晚10点，很是辛苦。这天气温骤降，突来的寒潮让人们停下了出门的脚步，店里整天都不景气，客流很少。

终于熬到了九点半，快下班了。小林也开始收拾店面的卫生，整理被客人弄乱的衣服。正当她弯腰擦地时，店门口响起了清脆的高跟鞋的声音。小林直起身子一看，有客户进店了，然后本能地说了一句："欢迎光临，本店晚十点打烊，请您抓紧时间选购。"

客户一听"十点关门"，然后加快脚步走到帽子展区，快速浏览了一遍，然后边看边着急地说："您好，六七十岁的老年人戴哪款帽子合适呀？我想给我妈买顶帽子，她老说头凉。"

小林听到客户问话，用手拨了一下额前的碎发，继续擦着地喘着气跟客户说："六七十岁一般都要颜色暗淡点的吧，您先看看，那边有几款。"

客户拿起小林所说的"颜色较暗"的帽子，左看右看，看了又摇头说："我觉得她可能不喜欢，我妈挺时尚的，跟她一起跳舞的姐妹们都穿得挺鲜艳的。"

小林忙着擦地，她怕客户听不到，故意大声说："那得看阿姨的个人喜好了，要不现在打电话问问。"

客户立马回绝："不行，一打电话肯定就说不让买，也问不出实话来。我还是自己看看吧。"

就这样客户自己看了十多分钟，小林弯腰擦地擦了十多分钟，也没走上前去认真和客户交流。客户觉得这样的销售员不负责任，也很没礼貌，不尊重客户，然后就去隔壁店铺选购了。

案例中，小林因为忙着准备打烊，所以几乎没有接待进店客户的举动，虽然按照公司要求对客户说了"欢迎光临"，但小林的行为让客户怀疑她着急下班，根本就不欢迎她的到来，客户自然也就没心情买东西了。

我们平时总是强调销售员要有好口才，要会说话，能把客户说得服服帖帖。但有些销售员会非常重视口才的训练，而忽略了举止行为的重要性。殊不知，举止行为更能为一个人的形象代言，而且是最真实的代言。销售员光是能说会道还不行，还要有得体的行为举止。只有卓越的口才和得体的举止搭配，才能让这个销售员的礼貌礼节浑然天成，更能彰显这个销售员的美好品行。

销售就要会沟通

 案 例

> 小张是某商场的服装销售员。她所销售的服装总是卖得最火热的。哪怕是旧款，她都能让客户高高兴兴地买走。大家都想知道她的销售秘诀。
>
> 小张笑着说："哪有什么秘诀，可能是我这个人比较招人喜欢吧。"的确，小张虽然不是商场最漂亮的员工，但是她落落大方，举止优雅。她说话声音甜美，话语中尽是带着真诚，总是会站在客户的角度着想，加上她会说话，能说到客户心里去，所以她接待的顾客都愿意听取她的意见和建议。
>
> 有位顾客说："小张这个人一看就让人觉得舒服，会说话，也会办事。她要跟客人说一句您穿这件衣服显得年轻，客户真觉得自己40变30了。她骨子里有股让人信服的劲儿。"

案例中，这位顾客所说的小张身上的这股劲儿就是小张的表里如一。小张不会忽悠客户，所说的都是真实的意见，只不过她用客户喜欢的方式说出来，客户当然愿意听这样的真话。

可见，销售员光会说还不行，还要配以得体的行为，这样才会让销售员的形象更完美，才能让销售员产生感染力和信服力。

6. 注意：客套话不可太随意

人与人之间，接触的次数多了，认识的时间长了，互相了解更深了，相处的时候就会变得随意起来。与初次见面的陌生相比，熟人之间就不会拘束，说话也会更随意，可以开玩笑，可以互相调侃，甚至可以直率地说出自己的看法，哪怕你的观点与对方的观点并不一致。

销售员也不例外。一些从业多年的销售员，他们的客户可能也是多年

第二章 | 礼貌先行：用礼貌打动客户

的老客户。合作几年之后，彼此之间除了业务往来，也会产生熟悉的感觉，甚至有的销售员和客户成了好朋友。一来二去，销售员和客户相处的时候就会变得随意起来。但是太随意了，也难免会对销售员和客户的关系产生影响。

案 例

> 小宁从事某生产设备的销售工作已经有十年的时间了。十年来，他服务的客户多达100人，其中有一些客户与小宁合作已经有七八年了。比如小宁口中的高总，已经与小宁建立七年的合作关系，两人不光在生意上互相照顾，生活上也有着共同爱好——都喜欢吃火锅。所以，小宁和高总经常一起吃火锅。
>
> 两人的关系越来越好，渐渐地，小宁不再对高总毕恭毕敬，而是更加随意了，甚至可以一边喝着小酒吃着火锅，一边调侃一下高总有没有跟嫂子请假。通常情况下，高总都不会在意。可是有一次，高总和老婆吵架，他心中郁闷才约了小宁喝酒。小宁明知道高总心情不好，可一见面他还是调侃了高总一句："老高，近来可好啊？别来无恙啊？"
>
> 高总正在因为家庭矛盾心烦，小宁这句略带调侃的问候让高总心里很不舒服，当即就板起了脸，跟小宁说："过了啊，敢拿我开涮，单子不想要了吧。"
>
> 小宁并没有意识到高总真的生气了，反而更加放肆，继续说："老高，总得给今天的火锅加点料吧，这样才更香。"
>
> 高总彻底生气了，穿好衣服就走出了餐厅，而且再也没联系小宁。

案例中，小宁对高总的客套就是太过随意了。在高总心情不好的时候，他没有安慰高总，反而刺激了高总。

现实中，即便是非常相熟的两个人也要懂得说话的分寸，不能太过随意，更别说与客户之间了。任何时候，保持对客户的礼貌礼节都是非常重要的。即便销售员和客户已经有不错的交情，为了维持这种来之不易的关系，也要管好自己，控制自己的言行。

我们对父母、对兄弟姐妹尚且处处尊重，需要遵守一定的礼貌礼节，太过随意，逾矩了尚且要受到他们的责备和说教，更何况是没有血缘靠利益交换而结交的客户呢？如果你在客户面前太过随意，他们也会觉得你这人没规矩，太轻浮自大，他们不喜欢和这样的人接触，更不喜欢与这样的人合作。

因此，销售员在客户面前不要玩"自来熟"的游戏，一不小心玩过火可能就会导致"自焚"的悲剧。因此，在客户面前，销售员既要讲礼貌，还要懂分寸，不可以太过随意，自然大方不失礼才是最好的。

第三章

话语攻心：牢牢抓住客户

话，谁都会说，关键是能不能说到点子上，说完之后能不能产生作用，能不能达成说这句话的目的。对于销售员来说，能够把话说到点子上，牢牢抓住客户的心，销售工作才能顺利推进。因此，销售员要懂得与客户交流的话语攻心术，不说废话，不说套话，不说空话，说客户最关心的、最想听的，牢牢抓住客户，成交就近在咫尺。

销售就要会沟通

1. 开口之前先摸清客户的心理

俗话说，知己知彼百战不殆。销售场上，销售员不仅要知己，也要做到知彼，清楚客户的需求，明白客户的所思所想，才能做出有效的应对之策。销售员的话术也同样如此，如果不明白客户所想就贸然开口，轻则解决不了什么问题，重则破坏之前建立起来的信任关系，让成交越来越远。

案 例

吴彤和罗非同是某女鞋专柜的销售员。有一天，店里来了一位顾客。当时罗非正在招呼其他顾客，于是吴彤赶忙迎上去，热情地说："您好，里面请。"

顾客："嗯，好，谢谢。"

吴彤："一看您就是有品位的人，这边都是今年的新款，而且是限量版，非常适合您的气质。"

顾客："拿来给我试试吧。"

顾客坐到沙发上，吴彤去货架上拿鞋子，心里还在暗自庆幸遇到这么一个爽快的客户。吴彤拿来鞋子，帮顾客试穿。

吴彤："您看这鞋子穿在您脚上多高贵。"

顾客脱下鞋子，拿在手上左看右看，忽然看到了鞋子的标价。顾客的表情产生了一丝变化，但很快又恢复了平静。顾客把鞋子递给吴彤，站起身来说："我再看看。"

吴彤以为这是顾客在摆架子，紧紧跟在身后，不停地说："您是觉得这款鞋子的颜色不好看吗？没关系，我再帮您拿其他颜色试试吧。"

顾客走到了价位稍低的货架前，快速地查看中意的款式。但吴彤没有看出客户的心思，反而说："女士，这边的鞋子肯定没那边的高档，怎么能衬托您的高贵呢。"

第三章 | 话语攻心：牢牢抓住客户

> 顾客理也不理吴彤，还是自顾自地看。这个时候，罗非送走其他顾客走了过来，朝吴彤使个眼色，然后礼貌地对顾客说："您好，这边的鞋子虽然不是最高端的，但也都是上等货，看上哪款，可以试试。"
>
> 顾客拿起其中一款鞋子问罗非："这款鞋子有红色的吗？"
>
> 罗非："这款鞋子有枣红色，请问您是在什么场合穿呢？"
>
> 顾客："结婚纪念日。我结婚的时候老公送了我一双和这个样子差不多的红色的高跟鞋，就你们这个牌子。所以我想再买一双，重温一下当时的情景。"
>
> 听完顾客的话，罗非明白了，顾客在意的不是鞋子的价格与档次，而是在意鞋子的样式和颜色是否和结婚时老公送的鞋子相像。于是罗非把枣红色的那双鞋拿出来给顾客试穿。顾客非常满意，高高兴兴地把鞋子买走了。

案例中，吴彤之所以没能抓住顾客，是因为她根本不清楚顾客心里想的是什么，只是看着顾客穿着高贵，于是便自顾自地向顾客推荐高端的产品。而罗非看出了顾客中意的不是高端的鞋子，在开口之前明白了顾客买这个款式的原因，所以她能抓住顾客的心理对症下药，再跟顾客介绍这款鞋子显然就容易了许多。

一些销售员在向顾客推荐产品或者说服顾客购买的时候，只是想着要向顾客推销这款产品，并没有想过顾客的心里到底在想什么、他买这个产品是为了解决什么问题、他能承受什么价位、哪些功能对他来说是不必要的、他这样说是不是觉得报价高了、他为什么会反复比较这两款产品……

不明客户的心思就开口说话，哪怕话说得再好听，客户也听不进去，甚至认为销售员这是在浪费自己的时间。销售员说得再多，没有说到客户的心里去，自然对销售也就没有多大的作用。

因此，销售员在开口说话之前，一定要综合考虑所有与客户有关的信息，弄明白客户的真实心理，清楚客户在想什么，才能对症下药，把话说到点子上。否则销售员的话就是无的放矢、驴唇不对马嘴，不仅不能对成交起到正向的促进作用，反而会招来客户的反感。

2. 话语直指客户痛点

每个人的工作和生活都会有痛点。这些痛点每一天都会刺痛人们的内心，不拔掉这些刺，每天的工作和生活都是遗憾的。客户之所以要购买，就是为了解决这些痛点，或者让工作和生活变得更顺畅，因此，对于市场上琳琅满目的商品，能解决他们痛点的才是他们所需的。

销售员在向客户介绍产品的时候，要抓住客户的痛点来介绍，开口就能与客户产生共鸣，说到客户心里去。如果抓不住客户的痛点，说再多也是废话。

案例

小丁是某品牌汽车的销售员。有一天，店里来了一对夫妇，要选一辆SUV。小丁随着这对夫妇的脚步向他们介绍所询问的每款车型。粗略地浏览一遍之后，这对夫妇在其中两款车前徘徊了一会，最终还是站在了低配车前。这两款车外观区别不大，但是一个是老款的低配车，手动挡；另一款是升级版的新款高配车，自动挡。两款车的价位相差也不多，仅仅差1万多元。

从小丁这个销售员的角度来说，价位相差不大的情况下他更愿意让客户买高配车。1万多元能买到这么多高配功能确实划算，而且也显得更上档次，在亲戚朋友面前也有面子。

但是客户最后还是很坚持地要买低配车。小丁以为客户是在乎这点钱，于是就拼命地向客户强调高配车的性价比，强调高配车的优势。最后客户都有点不耐烦了。客户很不客气地说："这款低配车你不卖我是吗？那好……"

客户径直走出销售大厅。小丁一头雾水，这么划算的买卖为什么客户就是不买高配车呢？难道真的是在乎这点钱？要知道十个客户有九个会选择这款高配车呢！小丁心里不服气，又朝客户离开的方向追了出去。

> 小丁："对不起，先生，我想知道您为什么坚持买这款低配车，那款性价比可是比这高很多呢！"
>
> 顾客回过头来看着小丁："对不起，最高端的设计解决不了我的问题，满足不了我的需求。"
>
> 小丁："为什么？高配车开起来更舒适呢。"
>
> 顾客："我和我爱人都是旅行爱好者，经常自驾到附近的山区去玩，对我们来说，手动挡更适合，更安全。"
>
> 小丁恍然大悟，他诚挚地向这对夫妇道歉，承认了自己的主观臆断和冒失，并且为了挽留顾客，他主动提出降价2000元卖给这对夫妇，以显示自己的诚意。

案例中，小丁虽然向客户推荐了性价比更高的车，但是他没有找到客户的痛点。即便小丁推荐的车很高端，但解决不了客户的痛点，客户也不会买账。

从那之后，小丁明白了一个道理：解决问题、符合客户需求才是王道。自此，每次他接待客户的时候都会了解客户购买产品的目的和主要用途，根据客户的痛点推荐合适的产品几乎百发百中。

销售过程中，不能抓住客户痛点的销售员不在少数。他们为了成交，在客户面前对产品的特点倒背如流，但是客户需要的也许不是高端的产品，而是能解决他们的问题的实用产品，与其他无关。如果销售员不能把产品优势与客户痛点结合起来，那么产品再华丽也不能引起客户的兴趣。

用户的痛点就是产品最大的卖点。当你口中的产品优势直指用户痛点的时候，客户就会乖乖买账。

3. 强化客户关注的关键点

客户在找销售员买东西之前，已经在心里想过千遍万遍：我要买一个怎样的产品，能接受什么样的外观尺寸，必须具有哪些功能来满足需求，价格不能

销售就要会沟通

超过多少，不能接受产品有哪些缺陷，等等。客户会这样给自己设置一个底线，买的东西超出预期那是好事，但是打破底线的产品他们就不会买了。

销售员在为成交做铺垫的时候，一定要清楚客户关注的几个关键点。然后在向客户介绍产品时，一定要强调推销的产品符合客户的要求，甚至超出客户的预期，这样客户才会觉得这个产品可以在考虑的范围之内，才会有成交的可能。

案 例

贺明是某楼盘的售楼员。一天下午，一对年轻人来到售楼处，贺明接待了他们。经过询问，原来这是一对即将结婚的恋人，准备买婚房，但是他们还考虑将来孩子上学和老人生活的问题，所以又想买面积大一点的房子。另外，考虑到学校、商场、医院和上班的问题，所以地段还要好，交通要方便。和两个年轻人聊了近一个小时，贺明帮客户总结了几个关键点：三居以上、社区成熟、环境舒适、采光充足、交通便利。

按照这几个关键点，贺明向这对年轻人推荐了一个抢手的户型，除了满足上述几个关键条件之外，还有一大优势——送车位。

在询问总价和交房时间之后，这对年轻人觉得贵了点，超出了他们的预算。于是两人以时间晚了不便看房为由，离开了贺明所在的售楼处，又去附近其他楼盘咨询。

第二天上午，贺明给这对年轻人打电话，约二位前来看样板间。在样板间内，贺明向这对年轻人描述了这个户型的全部优势："140平的三居户型，南北通透，落地窗，阳光暖暖地照在客厅里；放眼望去，小区草坪和假山施工就要完成了，鸟语花香；小区对面就是六层的商场，吃喝、购物、看电影、亲子娱乐一应俱全；再往东就是这里最好的贵族幼儿园、新建的师大附小；小区后面过一个红绿灯就是人民医院，开车10分钟的路程；小区门口就是多路公交车站牌，四通八达……"

> 贺明俏皮地问:"不觉得这个户型、这个社区就是为你们定做的吗?我敢说,未来居住在这个小区的人都会得到本地区居民羡慕的目光。"
>
> 这对年轻人想想贺明的话,觉得在理,这个位置、这个户型、周边的社区环境都让他们无可挑剔,于是果断交了定金。

案例中,贺明是个聪明人。他紧紧抓住了客户买房最在意的几个关键点,反复把这套房子在这几个关键点上的优势描绘给客户。抓住了关键点,就能说到客户心里去。其他方面不用过多去说,已然得到客户的认可。

在销售中,销售员可以通过前期的交谈,找出客户对产品和服务最在意的几个关键点,然后着重展现这几个点上的优势,让客户觉得销售员推荐的产品完全能够满足自己的需求、符合自己的预期。这样销售员推销的产品就能在一定程度上得到客户的认可,为成交打下坚实的基础。

因此,抓住客户需求的关键点是非常关键的销售环节。能够把这些关键之处巧妙地展示给客户,客户定能听进去,成交才更容易实现。

4. 抓住客户最在意的去说

人们逛街购物,有人中意这件,有人却选择了那个,为什么人们的选择不同呢?原因就是产品各有特色,而每个人在意的点不同。有的人在意的是品牌,觉得只有某个品牌才值得信赖;有的人在意的是价格,觉得这种东西便宜就行,没必要买贵的;有的人在意的是外观,外观不符合自己的审美也是坚决不买;有的人在意的是用材,买钢结构还是木结构也有一定的要求……

客户在意的是外观,销售员偏要推荐钢结构的,质量再好外观不美,客户心里还是感到别扭,他不会痛痛快快付款买单的。但若销售员推销的产品能满足客户在意的点,而在其他方面略打折扣,客户反而会欣然接受。

| 销售就要会沟通

案 例

　　玲玲是某礼品店的销售员。店面的生意很好，每天前来选购礼物礼品的顾客络绎不绝。礼品店的老板是个实实在在的生意人，经常教导玲玲要为客户的利益着想，多推荐经济实用的产品。

　　有一天，店里来了一位中年男士，说要给爱人选个生日礼物。玲玲接待了这位客户。

　　玲玲："请问您爱人有什么特殊喜好吗？"

　　客户："也没什么特别的，平时就是喜欢臭美，爱穿戴。"

　　玲玲灵机一动，店里新进了一批民族风饰品，有特色，价格也不贵，关键是深受女士们的喜爱，推荐给这位先生应该也不错。

　　玲玲："您看我们这里的爆款首饰，卖得可火了，民族风新款，大家都喜欢，您看给您爱人送这个怎样？"

　　这位男士按照玲玲的指引，来到柜台前，看了一眼就要走开，说："这个不行，估计她驾驭不了。她的首饰都是简洁大方的那种，显得高调又高冷，哈哈。"

　　玲玲连忙说："正是因为风格单一，所以才要多尝试一下其他风格嘛，而且这款首饰在任何店面，包括网店，卖得都不便宜，比我们这要贵很多呢，在我们这买多划算。"

　　客户："我再看看吧，她真不喜欢这种风格的东西。"

　　玲玲："您帮她换个风格，算不算是给她的一种惊喜呢。您看我们这有很多客户的晒图，很潮很有范儿。"

　　客户没再说什么，朝玲玲摆摆手径直离开了。玲玲觉得很郁闷，这么实惠这么潮流的东西，为什么客户不买账呢？

　　案例中，玲玲也是很"听老板话"的销售员，坚持为客户推荐经济实惠的产品。但是客户在意的不是价格和潮流，而是爱人喜欢的风格。玲玲没有抓住这一点，也就没能抓住客户。

现实中，我们也经常看到这样的现象：不知道商场是为了去库存，还是供货商有促销要求，促销员总是向客户推荐某一产品，而不管它是不是客户想要的。比如我们想买一款具有美白功能的牙膏，明明符合这一要求的产品有很多，但促销员硬是推荐某个品牌的含氟牙膏，能坚固牙齿，还一直强调是特价，根本不提美白的事。这种时候，我们都会觉得这个促销员很讨厌，于是宁可自己去选也不会再听他的推荐。

无论买什么东西，客户都有最在意的地方。销售员针对客户在意的这个点去说服客户，客户才更愿意接受产品，成交才会更容易。因此，销售员在向客户介绍产品之前，先找到客户在意的点，然后把针对这个点的产品特点讲透，讲到客户心动，客户基本上就被你征服了。

5. 为客户描绘美好蓝图

有的时候，客户想象不出买这件商品之后自己的生活会发生怎样的变化，能不能有很大的改观，他们不确定这件商品的价值，也就不会下定决心购买。这时候，销售员就要充分发挥自己的好口才，把这个商品能带来的美好未来描绘出来，展示给客户。

销售员在向客户描绘美好蓝图时，可以使用一些华丽的词语，但是不可夸大商品的作用。否则未来客户使用产品之后体验不到这么好的效果，就觉得被销售忽悠了，从而影响销售员和公司的信誉。

案 例

刘鹏飞是某健身器材公司的销售员。有一天，刘鹏飞接待了一位客户，起初客户只是说先看看，了解一下产品，家里正在装修，买也得装修完工之后买。

若是换了其他销售员，可能会觉得这是一位不靠谱的客户，几个月后谁知道客户的想法会不会变呢。可是刘鹏飞没有放弃。他首先了解了客户的房屋空间设计。然后给客户推荐了几款健身器材，并且替客户考虑了摆放位置的合理性。客户觉得刘鹏飞的建议不错，人也不错，是个可以信任的人。于是他决定试用一下刘鹏飞推荐的几款器材。但是没过两分钟，他觉得累的不行，就放弃了。

刘鹏飞："一看您平时就不锻炼，这是缺乏锻炼啊，这可不行。"

客户："哪有时间锻炼啊，工作都让人喘不过气来了。"

刘鹏飞："您说的是，所以现在健身房也空了，但是我们的生意火了。"

客户："哦？"

刘鹏飞："多数人没时间去健身房锻炼，反而越来越多的人选择在小区活动活动或干脆在家运动了。"

客户："我还真是怕自己没那毅力，刚刚这两分钟就给我累成这样，估计买回去也是个摆设。"

刘鹏飞："那可不一定。您工作起来能坚持、能克服，所以您肯定是个有毅力的人，不然肯定换个安逸的工作了。试想一下，晚上回到家，或者周末在家休息，和老婆一起做顿美美的大餐，陪孩子玩一会，然后全家一起坚持锻炼，今天五分钟，明天十分钟，后天二十分钟，孩子的欢声笑语萦绕耳畔，老婆为你准备好温白水。他们看着自己的爸爸、老公越来越强壮、越来越有活力，幸福感油然而生，充斥在整个房间。你累了陪孩子玩一玩，让孩子大胆尝试，让老婆一起体验。然后擦去汗水，全家人慵懒地坐在落地窗前晒晒太阳，享受幸福时光。多美好的生活啊！"

客户听得神采飞扬，说："真好，听你的，就这么定了。"

案例中，客户鉴于自己的房子还在装修中，并不打算立马就买，只是买健身器材的想法刚刚萌起了小芽。刘鹏飞为客户描绘了一幅幸福的蓝图，让客户怦然心动，等于让客户的想法一下子长大了，于是客户当即交付了定金。

在销售中，很多时候客户迟迟不下购买决心，就是因为未来的不确定性，他们看不到有这个产品的未来是什么样子。这种时候，销售员要把使用产品的美好未来展现给客户，让客户确信这个产品可以让他的生活得到很大的改善，能给他带来更好的体验。客户看到这美好的一切，他还有什么理由不买呢？

在向客户描绘美好蓝图的时候，就要充分发挥销售员的口才了，把话说得更美、更动听、更真实，客户喜欢你描绘的场景就愿意和你签单。

6. 大胆地说，坚持正确的

有的销售员在客户面前总是谨小慎微、唯唯诺诺，客户说错了他们不敢反驳，客户伤害他们的尊严，他们也不敢反抗。他们觉得客户是上帝，而销售员都是在求着客户买，得罪不得。其实销售员越是这样，客户越会过分，而且会看不起这样的销售员和产品。

销售工作是伟大的。销售员并不卑微，他们为客户匹配产品需求，提供便捷的服务，解决客户的问题。因此，在客户面前，销售员也不必求着客户购买，自己就该逆来顺受，就得顺着由着客户。

在销售过程中，如果客户说错了，销售员可以大胆地指出来，客气礼貌地纠正；如果客户不尊重销售员，践踏了销售员的尊严，销售员也可以据理力争，理直气壮地告诉客户你们是优秀的，是得到他人认可的。

案 例

杨帆是某图书公司的销售员。有一次，杨帆到南方某个城市去调查市场、拓展客户，遇到这样一个糟糕的情况。

杨帆来到一个书店，拿着样书谈代理。结果店面的张老板看了杨帆的书之后，大大地损了杨帆一顿："你们的书，大街上满地都是。这种质量的书，千篇一律，没什么新意。哎，不会是拿着人家的书复印盗版的吧？"

| 销售就要会沟通

> 杨帆一听这个张老板非常不客气，就算看不上自己公司的书，也不能拿盗版来羞辱公司吧。于是他拿出手机，立马登录相关网站查询了书的真伪，并且展示给张老板，理直气壮地说："张老板，请看，我们的书是正版，在权威网站是可查的。请您收回刚才的话。"
>
> 张老板一看杨帆较真了，自己确实语言失当，态度也就有了缓和。于是又胡乱翻了翻书说："可是书的内容也太差了吧，这都是几年前的提法了，还在往里写。"
>
> 杨帆也坐下来，从包里拿出竞品书，向张老板展示了两本书的目录和内文，斩钉截铁地说："张老板，请看。两本书的目录的确相似，那是因为这个主题必须关乎这些内容，没有这些内容就是很大的失误。再看内文，我们的内容都是近两年的最新理论，看，2017，2016，年份在这摆着，怎么是陈旧呢。再看看××这个人的理论，他可是现在这个行业最火的专家。张老板，我们的内容可是很前沿呢。"
>
> 张老板不说话了，沉思了一会，然后笑着说："你小子啊，说说什么代理政策吧。"
>
> 杨帆心里说："有戏！"

案例中，杨帆面对张老板的责难没有退却，反而理直气壮、据理力争，用证据和实力打击了张老板的"嚣张气焰"，而且让张老板对自己刮目相看，生意自然就好谈了。

现实中，一些销售员并不像杨帆这般，可能在张老板那段打击人心的话说出来之后，就会乖乖说句"抱歉，打扰了"走人，怕是再也不敢多说了。这样的结果就是白白丢失了一个有实力的合作伙伴。

因此，对于客户说的话该反驳的时候就要反驳，该纠正的就要纠正，不能尽是由着客户的性子来。有时候，销售员敢于反驳客户，敢于指出他们观念和话语的错误，反而会让客户觉得销售员是有两把刷子的，不是在瞎忽悠，因此更加信任销售员。

7. 注意：话语攻心不能伤害客户

在销售中，销售员的话语能攻入客户的内心非常重要。但是为了"攻心"，销售员也不能口不择言伤害客户。伤害了客户，订单可就飞了。

我们说话语攻心，是说销售员所说的话要能抓住客户的心，能说到点子上，而不是恶语中伤客户。

案 例

林林是某服装店的销售员。林林很爱学习，总是请教经理一些销售技巧。这天，经理告诉林林，要适当地使用激将法激一下客户。

不一会，店里走进一位客户，林林上前来接待。

林林："您好，请问有什么可以帮您？"

客户："我女朋友要生日了，她身材好，我想送她一条漂亮的裙子。"

林林带客户来到女装区，指着一条雪白的裙子说："先生，您看这件怎么样？雪白的颜色象征着你们之间纯洁的爱情，而且这个款式是今年的新款，很显身材，也很衬肤色，你女朋友穿上一定像仙女一样漂亮。"

客户摸摸裙子的质地，手感非常好，他很满意，于是问林林："这件衣服多少钱？"

林林："这件衣服属于我们的高端款，折扣价格2188元。"

客户松开放在衣服上的手，变得羞涩起来，小声说："太贵了。"

林林想到了经理说的激将法，于是说："送女朋友当然要好的，先生该不是不舍得花钱吧。"

客户："那倒不是，可是我经济能力有限。"

林林："没钱还想买高档货讨好女朋友，当心女朋友跟你分手哦，还是咬咬牙买了吧。"

| 销售就要会沟通

> 客户觉得林林是在嘲笑自己,自尊心受到了很大的伤害,摔门而去。

面对这样的顾客,林林用激将法是没用的,因为林林说话的语气和措辞不对,伤害了客户,所以激将法就完全失去了效力。

因此,在销售过程中,销售员千万要注意自己的语气和措辞,在抓住客户心理的同时,适当地反驳和激将的确能促进销售的顺利进行。但若是说出了带刺的伤害客户的话,那可能神仙都挽救不了这个订单。

把话说到点子上,坦率真诚,不要揪着客户的错不放,不要因为客户错了就嘲笑客户肤浅无知,伤害了客户也必将伤害销售员自己。

第四章

真诚赞美：拉近与客户的距离

每个人都喜欢得到别人的赞美，因为赞美代表他人对自己的赏识与认可，是一种荣耀和满足。而赞美他人，能使他人对自己产生好感，尽快拉近与他人的距离，因此，销售员也要学会赞美的艺术，适时、恰当的赞美，能让客户更愿意与你交流，最终让成交更快地到来。

| 销售就要会沟通

1. 真诚的赞美让客户无从拒绝

作为一名销售员，最渴望的就是被客户认可，最害怕的就是被客户拒绝。得到客户的接受和认可，就意味着离销售成功更近了一步。想要得到客户的接受和认可，赞美是非常奏效的方法。

赞美可以轻易俘获客户的心，让他相信销售员，相信销售员所说的话，对销售员推销的产品无从拒绝。

案 例

关莹莹是某儿童用品综合店的销售员，既销售童装，又销售玩具、学习用品和童书，宝妈们都喜欢带孩子来她店里购物。

有一天，关莹莹接待了一波客人：一位宝妈带着双胞胎姐妹。春节快到了，宝妈是来给孩子们买新衣服的。就在宝妈为孩子挑选新衣之际，两个宝宝跑到了玩具区看玩具。姐妹俩分别看上了不同的玩具，然后抱着玩具跑到妈妈面前，央求妈妈给她们买下。

妈妈已经给两个宝贝选了漂亮的衣服，里里外外花了不少钱，就不想再买玩具了。宝妈蹲下身来，温和地和两个宝宝说："我们改天再买玩具好不好，今天买得太多了，妈妈都拿不动了。"

宝宝："没关系，妈妈，我们自己拿。"

妈妈："可是妈妈给你们买了这么多漂亮衣服，带的钱不够了。"

宝宝："没关系，我们先买玩具，明天再来买衣服。"

妈妈显得有些无奈，略带生气地说："今天就是不能买玩具了。"

两个宝宝见妈妈很坚决，急得哭了起来。这时候站在一旁的关莹莹看到了，赶紧走过来，蹲下来对两个宝宝说："乖宝宝别哭啊，你看妈妈这么疼爱你们，给你们买了这么多新衣服，这可是个心疼你们的好妈妈啊，你们也是好宝宝，不能惹妈妈生气，对不对？"

> 宝宝："可是我们喜欢玩具，不喜欢新衣服。"
>
> 关莹莹："原来是这样啊，这样吧，让好妈妈再考虑一下，看到宝宝哭，她肯定心疼得很。好妈妈都不舍得自己的宝贝伤心呢！"
>
> 听到这里，旁边的宝妈忍不住了，说："你们两个小淘气，真拿你们没办法。今天就买了吧，但是回到家不准把玩具乱放呀，要自己收拾好。"
>
> 宝宝："好呀好呀，谢谢妈妈！"两个人开开心心地抱着玩具跑向收银台。关莹莹和妈妈都站起身来，关莹莹笑着说："小时候，我妈妈也是这样疼我们。您让我想起了远在老家的妈妈！您真是一位了不起的妈妈！"
>
> 客户高高兴兴去交款了。

案例中，关莹莹的做法恰到好处。表面上是在哄哭闹的宝宝，实际上是在夸赞宝妈心疼宝宝，舍得给孩子花钱，不忍心让宝宝失望。得到这样的赞许，如果宝妈还是不给宝宝买下玩具，那岂不是成了一个"坏妈妈"，岂不是让孩子们很失望。所以，这位宝妈无从拒绝孩子的请求，也就不会拒绝成交。

很多时候，销售员的一句赞美让客户看到了自己的光辉形象，如果不买好像这种美好形象就会崩塌，因为客户内心害怕这样的事情发生，所以即便有点纠结，也会买下销售员推荐的产品。或者销售员在赞美客户之后，告诉客户如果使用这个产品，会使客户的形象变得更美好，谁会拒绝这种好上加好的事情呢？这种情况下，客户基本不会拒绝销售员的推荐。

因此，销售员一定要学会赞美的艺术，用真诚的赞美让客户接纳你，接纳你的产品。

2. 赞美也要掌握时机

赞美虽好，但并不是所有的赞美都让人心花怒放、无从拒绝。赞美也

| 销售就要会沟通

要把握合适的时机，时机不对，赞美的效果就会大打折扣，甚至起到负面作用。

在销售中，销售员要注意赞美客户的时机。如果销售员在错误的时机说出了赞美客户的话，客户不但不会觉得你这是在赞美他，反而会觉得你这是在敷衍他，在诱导他购买。在这种情况下，客户就会加强心理防线，销售工作会变得更难推进。

案 例

钱凤是某家居品牌的销售员。一天，店里进来一对中年夫妇，钱凤从上到下打量了两人一番，心里暗喜，从头到脚的名牌，今天可算遇到大财主了。于是钱凤赶紧跟了上去，为客户导购。

钱凤："二位一看就出身不凡，我看也只有我们店里的高档家具配得上二位的高雅气质了。"

两位客人并没有理睬钱凤，还是自顾自地看，然后走到了红木家具处停下了脚步。钱凤心想，自己的判断果然没错，肯定是喜欢这价值不菲的红木款。于是，钱凤又高兴地说："二位真是好眼光，我家的红木家具在本市的口碑是出了名的好。"

客户还是不理睬钱凤，又并肩逛到了低端区域。这下钱凤没有耐心了，心想这俩人今天就没诚心买。于是钱凤不再跟着客户，而是悄悄回到了店门位置接待新客户。但是刚刚那对夫妇在低端区域向其他销售员咨询了红木家具的情况，然后他们一起回到了红木家具区。这对夫妇询问了几款红木家具的设计和尺寸，开始向销售员询问价格。

这位销售员说："一看您二位就是懂行的人，肯定也对红木的价格有所了解。我们这边的定价是市场价，但是现在定的话有8.8折优惠，非常合适。"

这对夫妇痛快地交了定金，买了整套家具。

而这个过程被钱凤看在眼里，她非常不服，为什么客户就跟这位销售员签单了呢？

其实，钱凤的问题就出在她对客户的赞美上。客户一进门，钱凤就赞美客户的高贵，在彼此还没有任何接触和了解的情况下，客户会觉得钱凤这是在看人下菜碟。当客户在红木区驻足时，钱凤又赞美了客户的好眼光，当时客户并没说要买红木家具，一切都是钱凤自己的猜测。她这个时候赞美客户，客户会有种被看穿的感觉，像是心里的秘密被钱凤发现了，也就会下意识地躲避钱凤。所以，钱凤输在了对客户的赞美上，她赞美客户的时机不对。后面这位销售员就懂得抓住赞美的好时机，在客户询问了几款家具开始关注价格之时，这位销售员赞美客户懂行，语言不夸张，时机恰到好处，所以客户就能接受这样的赞美。

在销售中，销售员对客户的赞美不是越多越好，也不是越频繁越好，关键是能在恰当的时候赞美客户，这样客户就会觉得销售员的赞美是真诚的，不含有刻意讨好的成分，不是销售的套路。这样的赞美就能让销售员得到客户的接纳和认可。因此，选对赞美时机，赞美才有积极的无穷的力量。

3. 寻找赞美的突破口

赞美是一件很微妙很讲究艺术的事，并不像我们平时聊天那样随意和简单。不能想到一句赞美的话就说出口，这样突兀的赞美会让对方感到不知所措，也感受不到赞美者的真心实意，达不到赞美的效果。

销售员赞美客户的时候，最好是寻找一个巧妙的突破口，这样客户才看不出销售员的"别有用心"，才能顺理成章地接受销售员的赞美，让赞美具有甜蜜的感动人心的力量。

案 例

在美国纽约，有一个建筑公司承包了一项大工程，发包方在合同中明确要求他们必须在特定的时间完工。开工以来一切都很顺利，可就在快竣工的时候，某个部件的供货商突然告诉建筑公司他们的原材料出了

| 销售就要会沟通

> 问题，不能按期交货了。怎么办？不能按期完工就得向发包方赔偿巨额损失。于是，建筑公司派约翰作为公司代表去和供货商协商。
>
> 约翰在乘车去往供货商所在地的途中查阅了那个城市的电话簿，他发现供货商的姓氏来源于挪威皇族，迁到现在的居住地已经有百余年的历史了。约翰觉得这是一个非常有意思的话题。
>
> 几经辗转，约翰终于见到了供货商，他们两人没有立马交涉货物供应的问题，而是聊起了挪威皇族。约翰赞美了挪威皇族的善良和刚强，还讲了很多关于挪威皇族的历史。供货商非常开心能与约翰聊聊家族的荣耀，他还兴致勃勃地翻出了家族传下来的古董宝贝给约翰品鉴。两人很快就成了无话不谈的朋友。
>
> 之后，约翰找到恰当的时机说出了公司的困境，供货商二话没说，表示一定如期供货。他诚恳地对约翰说："虽然我不得不去其他原材料供应商那里高价购买原材料，但是对于你这样的朋友，我必须兑现我的承诺。"
>
> 就这样，供应商如期供货，建筑公司也在合同约定的时间范围内交出了令人满意的答案。

案例中，约翰并没有直接赞美供应商的个人品格和产品品质，而是以挪威皇族为突破口，赞美了供应商家族的善良和刚强，收到了很好的赞美效果。

这就是高手的赞美之道。赞美高手不会直接去赞美那些显而易见的表象，真正让人自豪的往往是深藏在心中的旁人很难发掘的事物。这恰恰是赞美最好的突破口。

赞美的突破口不是人人都能轻易掌握的，需要我们在私下里做足功夫，多去了解对方的情况。只有对对方有深入的了解，才能从中发现对方真正的闪光点和内心的荣耀或使命所在，才能在赞美对方的时候突破传统老套的套路，找到真正能够触动对方的点，把话说到对方心里去。他会因为你与他产生了心灵的共鸣而向你敞开心扉，这个时候，销售、签单、成交，一切都不在话下。

因此，销售人员并非巧舌如簧就可以的，还要在开口之前做足准备，找到赞美的突破点、成交的突破点，才能敲开客户的心门。

4. 赞美客户有目共睹的优点

金无足赤，人无完人，每个人都不是十全十美的圣人，但也都有突出的优点。销售员赞美客户就要抓住大家公认的客户的优点去赞美。一两个人说客户性格好，客户未必相信，其他人也未必相信，客户未必接受这一两个人的赞美。但若是大家都说这个客户性格好，说话温和，那么，这个客户的性格才是真的好。客户才会充分意识到自身的这个优点，并且接受他人对这个优点的赞美。

案 例

某灯具生产厂在年底召开了经销商大会，全国各地的经销商都赶来参加，场面很是壮观。在招待晚宴上，灯具厂的销售经理何总去给各地的经销商敬酒，感谢大家百忙之中捧场参加这样的盛会。何总来到一桌客人面前，这桌客人中的一位年轻的小伙子站起身来说："这杯酒我要先敬何总，何总的办事效率真是让我佩服，我有个单子发错了货，何总用最快的物流保证了供货，完全没影响我们的销售。来，何总，我敬您！"两人痛快地干了一杯酒。

这时，这一桌的客人给出了积极的响应，都开始对何总这一年的大力支持表示感谢，大家都说何总是一个雷厉风行、干劲十足的好领导。何总心里美滋滋的。

何总又来到另外一桌客人身边，这桌客人同样有人站起来敬何总，说："这一年，我们没少给何总找麻烦，但是何总不厌其烦、宽容大度，给了我们很多的帮助。"喝下这杯酒，何总心想："嘿，你这是赞美我呢还是讽刺我呢，不知道有多少人心里骂我呢吧。"何总面无表情地走向其他客人。

听了刚刚那位同伴赞美何总的话，桌上其他客人开始议论起来。

> 有的说，其实何总不太好相处，脾气不好，电话里经常骂人呢；有的说，我有个破损的订单，至今何总都没给处理；有的说，因为上次给客户弄错了订单，何总扣了我们1000块的奖金呢；还有的说，马屁精……
>
> 好好的一顿欢迎晚宴，结果变成了何总人品的"讨论大会"。敬酒的人成了众人眼中的马屁精，而何总也感到万分尴尬。

案例中，第一位向何总敬酒的人赞美何总，说得还算靠谱，说出了具体的大家有目共睹的何总的优点，所以大家都表示赞同，何总能得到大家的认可，而且事实俱在，他心里肯定美。而第二位向何总敬酒的人赞美何总的话显然没有得到大家的认同，于是话一出口，就引起了大家的议论，这让何总心里也很不舒服，而这位客人也成了大家眼中惯于奉承讨好的小人了。

所以，在赞美他人的时候，一定要赞美大家都认可的有目共睹的优点，这样的赞美才更真实、更真诚。销售员在赞美客户时更是如此。要想让赞美对成交起到积极作用，就得赞美客户真实存在的优点和大家都认可的优点，这样客户才觉得销售员是一个真诚的人，而不是在用赞美忽悠自己购买。

5. 赞美不能过分夸张

有的销售员赞美客户的时候说得天花乱坠，十分夸张。殊不知，客户听了这样的赞美内心没有一丝的感动和接受，反而会产生排斥感。因为他们觉得销售员的这般赞美并非发自内心，而是为了让客户购买推销的产品故意讨好客户的。甚至会觉得这样的销售员为了卖出产品会不择手段。

面对过分夸张的赞美，客户感受到的不是真诚和认同，而是虚伪和恐惧。他们同样也不愿意对这样的销售员真诚相待，更不会与这样的销售员做买卖。

第四章 真诚赞美：拉近与客户的距离

案 例

尹磊是某美发店的一名普通美发师。为了多拉几个客户，他付出了不少的努力，但是成效甚微。他很苦恼，为什么自己的付出没有对等的回报？

这天，店里来了一位长发女士，想要改变一下自己的形象。尹磊接待了她。看店里不忙，手上也没有其他客人，尹磊亲自给这位女士洗头，并且不停地嘘寒问暖。

这位女士坐在位子上，尹磊一边帮她吹干头发一边与她聊天。

尹磊："美女，您的肤色真好，白里透红，怎么保养的？"

客户："天生就这样啊。"

尹磊："那您可真是幸运女神啊，天生的好皮肤，很多人羡慕吧。"

客户赶忙岔开话题："这次我想烫个大卷，再染个颜色，您给推荐一下吧。"

尹磊："不着急，这么漂亮的美女，我肯定得给您好好设计一下，才对得起您的漂亮与高贵呀。"

客户沉默了。吹干头发尹磊拿出发型图片册子和色卡，然后向客户推荐套餐："我觉得这个发型和颜色才配得上您的美丽高贵，您喜欢吗？"

客户："还可以，说不上喜欢不喜欢。"

尹磊："这是我们的产品价位，建议您用高端产品，这样头发做出来效果会更持久，配得上您的女王气质。"

面对尹磊一口一个高贵、一口一个漂亮、一口一个女王，这位女士内心开始不自在起来，她想尽快逃离这个地方。于是她假装翻看了一下尹磊提供的材料，说："对不起，我觉得你们这儿还是没有让我满意的发型，今天先不做了，改天吧。"

这位女士付完洗头的费用，不高兴地离开了。

案例中，尹磊并没有意识到自己的问题，他可能觉得把客户捧上天，客户就会高兴，哪个女人不喜欢被别人夸赞漂亮呢？可是尹磊的赞美太过了，过分夸张的赞美让客户觉得这不是在赞美，而是在给自己设圈套。面对尹磊的赞美，这位女士没有感觉到骄傲和满足，而是害怕。

一些销售员的确会有这个毛病，见到客户就使劲地赞美客户，让客户在赞美的光环中忘乎所以，进而顺利成交。其实在这个时代，人们更愿意追求真心诚意的东西，对于销售员过分夸张的赞美，客户下意识地就会认为销售员不怀好意。

所以，销售员在赞美客户的时候一定要讲究真实、适度，不能太夸张，造成客户的反感，单子反而更难成。

6. 注意：赞美不是阿谀奉承

生活中，有些人总是很苦恼，明明自己是在赞美别人，旁人却说自己阿谀奉承。为什么别人会这么说呢？因为在旁人看来，你是在通过说别人的好话而换来某种利益，这就是阿谀奉承。

现实中，有人对阿谀奉承和赞美分不清楚。赞美是由衷地赞赏他人，而阿谀奉承是希望通过夸赞对方得到某种利益，两者的目的是不同的。赞美的话大家都爱听，而阿谀奉承却让客户心里不舒服。因此，真正能产生积极影响的是赞美。销售员在赞美客户的时候，千万要注意，不要让赞美的语言产生谄媚的"味道"，所以，赞美客户一定要发自内心，要真诚。

案 例

刘杰是某体育用品公司的销售员。有一次，他到某个实体店去了解情况，正好赶上店里打烊盘点开会。员工报上了当天的销售额，而且通报了本月已经提前完成销售任务。听到这么振奋人心的消息，大家开始七嘴八舌讨论起这个月的业绩和奖金。"这个月呀，王哥的业

第四章 真诚赞美：拉近与客户的距离

绩做得好，要请吃饭啦。""不知道总公司这个月会给我们多少奖金。"看得出，大家都很开心。

这个时候刘杰进门了，他也开心地说："要我说呀，还是苏姐领导有方、英明神武，大家在她的带领下才取得这么好的业绩。"

听到刘杰这么说，店里的员工都安静下来，等到大家回过神来，也开始附和刘杰："是啊，还是苏姐领导得好。""苏姐英明。""苏姐老大。"

刘杰又抬高声音说："来来来，请苏姐给我们说两句。"

苏姐站起来说："嗨，取得这样的成绩，还是大家齐心协力的结果。"

刘杰："苏姐，太谦虚了。明明就是您统领全局。"

这时，苏姐插话说："好了，今晚我请大家吃饭，你们尽兴。"苏姐转身去了后仓库，员工们也都去各忙各的。

明明是一个开心的场景，刘杰的一番话让整场气氛发生了很大的逆转。刘杰心里也纳闷，我这不是夸夸苏姐吗，怎么大家都不爱听呢？原因就是刘杰的赞美变味儿了，让大家都觉得他像一个谄媚的小人，没人喜欢，所以大家都散了。刘杰这赞美并非出于真诚，而是在刻意奉承苏姐，所以苏姐也会走开。

赞美不是阿谀奉承，一定要在适当的场合、适当的时机，用适当的语言来表达，不能为了赞美而赞美。销售员必须掌握赞美的技巧，真心实意、自然流畅地表达出赞美之意，这样才会让赞美之语说到对方的心里去，从而起到应有的效果。

第五章

专业制胜：像专家一样讲话更可信

专业是对一个人的很高的评价，专业也是一个销售员必备的素质。如果销售员自己都不专业，对产品都不了解，那么又怎能专业地完成销售过程，让客户心服口服呢？专业的销售员就应该像专家一样，把最专业的产品知识传达给客户，用专业的服务让客户满意。

1. 做好销售首先要做产品行家

销售员要是产品方面的行家，因为产品才是客户最关注的，是整个销售环节的重中之重。销售员首先要对所售产品的特点了如指掌，不光要知道产品的亮点，还要知道产品的缺陷。

与此同时，销售员也要做到知己知彼，不仅要了解自身的产品，而且还要了解竞争对手的产品。要将自己的产品与竞争对手的产品的优势和劣势充分对比，清楚自己的优势和不足。当客户问起为什么你的产品在某些方面没有竞争对手强大时，你才可以冷静应对。

案例

萧山是某打印机厂家的销售员。一天，店里来了一位企业客户，需要多种规格和功能的打印机，要求萧山给他推荐几款。

萧山首先了解了客户的基本需求，然后推荐了基本符合客户要求的打印机。对于自身的产品，萧山是很专业的，向客户讲得头头是道，客户听得也很满意。客户又亲自操作了店里的样品机器，忽然问萧山："××品牌的机器的硒鼓为什么能比你们的用的时间长啊？"

这下萧山蒙了，他哪知道××品牌是什么情况啊。他又不想错过这个大客户，于是说："可能××品牌的硒鼓是进口的吧，我们的全部是自己的专利技术。"

客户一听，××品牌硒鼓进口，那肯定更好些了，于是又开始琢磨这两个品牌的打印机。客户又忽然开口："××品牌的安装比你们的方便吗？比如说驱动、系统要求等。"

萧山更蒙了，他只了解自己的产品，其他品牌的产品他压根不清楚，于是他含糊地回答客户："这个，我不太清楚，我只知道我们的机器安装起来非常方便，只需用驱动光盘按照提示操作来完成。"

> 客户又想到了工作效率的问题，于是问："那在出纸速度方面呢？你们的好些还是他们的好些？会不会卡纸？"
>
> 萧山还在蒙圈："对不起，关于××品牌的商业核心技术问题，我真是不清楚。但是我保证，客户对我们的产品反馈都不错。卡纸，我想每台机器都会不同程度地出现这个问题。这不仅和机器本身有关，还和所用的纸张有关系。"
>
> 客户："啊？你的意思是说，为了保证不卡纸，我们还得选用上好的打印纸？"客户接了一个电话，借口有事就先走了。

案例中，萧山面对客户提出的关于××品牌打印机的问题无言以对，因为他对竞争对手的具体情况一无所知。虽然他熟知自家的产品情况，但是当客户问到他的产品与其他产品的差异时，却什么都答不上来，这让客户觉得萧山非常不专业，所以也不会从萧山手里买东西。

如今已经是互联网时代，信息传播的速度非常快，人们获取信息的速度也非常快。客户在购买之前，都会先上网查查相关资料，提前了解一些产品的情况。在这种情况下，如果销售员不专业，不能准确掌握行业发展情况、自身产品情况、竞争对手情况，就不能从容应对客户提出的专业问题。一旦让客户感觉到销售员的不专业，就会对销售员失去信任，也会对销售员代表的品牌失去信任。

销售员在接待客户之前必须先练好自己的基本功，知己知彼，这样才能从容应对客户提出的各种问题，更好地展示自身产品的优势，让客户感受到销售员有专业素养，更有利于成交。

2. 行为专业+口才专业，让销售员看上去就靠谱

销售是一系列的活动。从准备产品知识到拓展客户，到向客户推销产品，再到最后的成交乃至售后服务，都需要销售员的参与，而且销售员会在整个过程中起到关键作用。销售员不仅要做产品方面的专家，而且在整个销售过

销售就要会沟通

程中，口才和行为都要专业，这样才能博得客户的好感。

销售员要想给客户留下一个好印象，从接触客户开始，就要表现出自己的专业素养。销售员要懂得与客户沟通时的礼貌礼节，要提前做足有关产品和客户的工作，要有专业的产品知识，还要会用销售的辅助工具，比如投影机、PPT等。

案 例

刘兵曾是某保险公司的销售员，经过他的一番努力，如今已经是一个拥有十多位成员的组长了。可是他最近遇到了难题。

公司开展了电话销售业务，组内成员齐心协力靠电话邀约新老客户到公司参加产品介绍会和其他活动。每次刘兵所在的组邀请到的人数都是最多的，但现场签单却是最少的。刘兵很是苦恼，他去向经理诉苦。经理答应下次活动和他一起参加。

经理准时来到刘兵的活动现场。只见台下前来参加活动的客户已经座无虚席，但是却没人招待，有的在与旁边的人聊天，有的在玩手机。刘兵的组员都在台上调试投影设备和电脑设备。刘兵则在台上"喂喂喂"试话筒，不时有刺耳的声音传出来，台下的观众一阵抱怨。

终于活动正式开始了，刘兵看看台下那么多人，内心有些紧张，他用颤抖的声音说："感谢各位的光临，我有点紧张。"台下的客户开始议论，"保险销售员还会紧张？"

刘兵很快开始了产品介绍，但是关键时刻投影出了问题。刘兵一阵忙乱，他不知道是哪里出了问题，于是开始捣鼓电脑，理顺链路，又检查投影设备……

这时候，经理走上台，拿起话筒："各位来宾，非常抱歉，我们的设备出了小小的故障。但是没关系，下面由我来向大家分享这次活动的内容。"经理流畅而精彩的产品介绍，引发了台下客户的阵阵掌声。

事后，经理对刘兵说："怪不得你成单率不高，因为你这一套流程一点都不专业。客户没人招待，干在那坐着。设备用得都不熟练，闹这么大的笑话。这样的活动，客户肯定不会满意的。"

案例中，刘兵在整个活动过程中并没有让客户感受到销售员的专业素质，而是显得很外行。刘兵的活动并不能引起客户的兴趣，客户自然不会签单。

如今的客户已经不同于以往，他们购买产品的渠道多种多样，因此，哪家做得更专业，哪个销售员让他们感到"舒服"，他们会据此作出选择。在实战中，销售员不仅要有专业的产品知识，还要有专业的销售行为和销售话语，让客户自始至终都能感受到产品的专业、销售员的专业、公司的专业，客户才会更加信任这样的产品和销售员。

销售员在销售过程中要做到专业，必须在平日里勤加练习，不断纠正销售过程中的不专业之处，让自己一步步完胜销售过程。

3. 尽量用肯定的词语，少用模糊的描述

销售中经常讲一句话："要对自己说的话负责。"销售员作为公司和产品的代表，说的每一句话都要为之负责。有的销售员怕承担责任，所以说话模糊不清，对于客户的问题经常用"可能吧""大概是这样""也许会出现这个问题"等模糊不清的词语来回答。

当销售员这么说的时候，客户心里会更没底，"可能会这样，那就是还会有其他情况出现了。"面对这么多的不确定，哪个客户还敢信任销售员，哪个客户还敢买这样的产品。

案 例

某公司想在某刊物上投放广告，于是找了该刊物的发行人员咨询具体情况。

客户："请问你们的这本刊物每个月的发行量有多少？"

发行员："大概每个月都有两万册以上吧。"

销售就要会沟通

客户:"你们的发行渠道都有哪些?读者人群都有哪些呢?"

发行员:"一般就是客户征订,然后就是报刊亭、书店这些。读者人群大多为女性朋友,具体人群就不清楚了,有女性的地方就可能有我们的期刊。"

客户:"客户反馈如何?"

发行员:"应该还不错吧,不然我们也不可能每期都有这么大的发行量。"

客户:"有固定的客户或渠道吗?"

发行员:"有啊,像××时尚品牌、××公司等,每个月都会有一定的订量,以赠给顾客。挺多的,记不清了。"

客户:"好的。把您的刊物资料给我一份吧,有需要再联系您。"

案例中,发行员对于客户的问题都没有一个肯定的、精确的答案,一直在给客户一个模糊的概念。即使客户礼貌地留下了刊物资料,但也一定不会再联系这家刊物了,因为这个刊物对客户来说就是个模糊的事物,不确定的事物又怎么会让客户冒险合作呢?

案 例

某卫浴品牌店的销售员接待了一位客户。客户要买卫生间的洗手盆、马桶和淋浴器等产品。

客户:"你看我们卫生间的设计图是这样的,所以想买一个体积小一点的有镜箱的洗手盆套系。"

销售员:"那您对材质有要求吗?"

客户:"好一点的橡木或陶瓷都可以。您觉得哪种材质更好一点?"

销售员:"您要求的这两种材料都不错。我这都有样品,您可以看一下。"

客户看了两款产品,说:"这款橡木的尺寸可以小小改动一下吗?"

销售员:"您想要什么尺寸?"

> 客户："60×50。"
>
> 销售员："这个尺寸没问题。但是送货安装要晚一些。"
>
> 客户："真的？为什么其他店里的人都说做不了呢？半个月能送货吗？"
>
> 销售员："半个月足够了。我们这里的模具有几个常用尺寸，您放心，您要求的尺寸没问题。"
>
> 客户："如果这些问题您都能确定，那我就定这款。"
>
> 销售员："放心吧，我不会随便说的。"
>
> 客户痛快付了定金。

案例中，这位卫浴销售员对于客户的问题，根据他对厂家的了解和客户要求的实际情况，都给出了明确的回答。他没有说"这个尺寸通常没问题""大概半个月"等模糊的词语。客户听到这样坚定的回答，就像吃了一颗定心丸，自然愿意与之成交。

销售员在开展销售活动的过程中，对于能够给出客户确切答案的问题，一定不要含糊回答。即便是不能给出准确的时间或者准确的数据，也要说明原因，赢得客户的谅解。给客户一个肯定的、准确的答案，客户会觉得你这个销售员更靠谱，更愿意相信你推荐的产品。

4. 产品介绍专业化，不出纰漏

销售任何产品，产品介绍都是整个销售过程的重要环节。在这个环节，销售员必须专业地、准确地将产品的相关知识传达给客户。如果在这个环节出了纰漏，那么销售员在客户心中的形象就会一下子崩塌，客户对品牌或产品的信任也会不复存在。

销售员要想将产品介绍环节做得更专业，赢得客户的认可，就要私下里做足功夫，提前弄清产品的相关情况，如优势在哪里，缺陷在哪里，如何去和客户解释这些缺陷的存在，客户会提出哪些问题，如何应对客户的提问，等等。

| 销售就要会沟通

案 例

桃桃是某血压测试仪的销售员。有一天,她接待了一位中年女士,这位客户想给家人买一台比较精准的血压测试仪。

桃桃的嘴巴很甜,很快就和这位客户聊得很熟络了。有了良好的感情基础,桃桃开始把话题拉回了正题,聊起了产品。

桃桃:"阿姨,您看这个血压计用起来很方便的,只要把它绑在手腕上,一按这个按钮就可以了,30秒后这上面就会出现血压的准确数字。"

客户:"哦?这么简单。要不你给我试试。"

桃桃取来样品血压计,客户仔细看着她的操作。等桃桃操作完毕,客户问:"你在我手腕上缠的那层布是什么?"

桃桃:"不好意思,刚刚忘了跟您介绍,这是一层特殊的介质,可以让测量结果更准确。"

客户:"你这个血压计是24小时随时测吗?"

桃桃:"是呢,随时测都可以。"

客户心想:"人家医生都说运动过后测量血压不准确,你这24小时随时测靠谱吗?"

客户又问:"你这充电的还是安电池的?"

桃桃:"两用的,怎么用都可以。"

客户:"如果是电池,电量低了会对测量结果有影响吗?"

桃桃:"这个影响不大的。只要能开机测量,结果基本不受影响。"

客户听桃桃这话,实在不敢相信,于是就以再考虑考虑为借口,走出了店门。

案例中,桃桃介绍产品的言行举止显然让客户满腹怀疑。首先是使用血压测试仪的操作上,那块介质布料的使用桃桃并没有为客户介绍,而是在操作后客户问起她才说。其次是24小时可随时测的说法让客户觉得不可信,但凡有点常识的人都知道，运动后的血压值会较正常值偏高。最后电池电量对测量结果没有影响的说法也让客户怀疑。桃桃在介绍产品的时候出现了明显的纰漏，所以她再说什么客户都不敢相信了。

销售员在向客户介绍产品时，就要有专业、严谨的态度，在专业知识上不能出现任何纰漏。现在的客户都是半个专家，销售员的一点点小疏忽、小错误客户都能看到。如果销售员把客户当作一张白纸，而自己不努力储备专业的产品知识，以为客户都很好忽悠，那就大错特错了。

销售员需谨记：只有专业严谨的、没有任何纰漏的产品介绍才能征服客户，将销售进一步推向成交。

5. 注意：专业不等于客户听不懂的术语

虽然销售员要有专业的言行，但是专业并不意味着销售员要说一些拗口的专有名词或行业术语等让客户听不懂的语言。客户听不懂销售员的专业术语，就不能领会产品的精髓所在，自然也就不会产生购买的意愿。

其实，销售员表现出的专业，未必就是在专业术语上咬文嚼字，说客户喜欢听的大白话反而能更好地传递产品信息。客户听得懂、听得明白，才能对产品产生兴趣，才能进一步作出购买决定。

案 例

张林是某公司的办公用品采购员。一次，他按照上级的指示为公司采购一批办公用品。采购中，他与一个卖硒鼓的小伙子进行了沟通。张林说明了公司打印机的品牌和型号，这位销售员说："可以的，那您是需要OPC鼓，Se鼓还是a-si鼓？"

张林："那是什么，我就要这些型号的打印机上匹配的墨盒，比如说我的打印机没墨了，我换一个就可以用。"

销售员："我是想问您想要什么材料的。OPC鼓就是有机光导材料，

| 销售就要会沟通

> 寿命比较短；Se 鼓就是金属硒，寿命一般；a-si 鼓材料是陶瓷，寿命比较长。"
>
> 张林："我不明白你这些材料除了使用寿命还有什么区别？一般大家所说的硒鼓是哪种？"
>
> 销售员："这三种鼓大家都有用啊。Se 鼓性能和价位都适中，可能大家用得多一些。"
>
> 张林："那我们买打印机的时候一般带的是哪款呢？"
>
> 销售员："这就不一定啦，各个厂家都不一样，一般就是 OPC 和 Se。"
>
> 张林："哦。"张林又在这家店里转了一会，就离开了。

张林与这位销售员的交流特别吃力，销售员太"专业"了，一堆的专业术语让张林产生了沟通障碍。这位销售员是产品的行家，但不是销售的行家。他的产品知识过硬，但不是一个好销售。

案 例

> 张林又来到另一家办公用品店。这次的销售员是个很随和很幽默的人。张林走进店里，随便看了看，说"您这有××款打印机匹配的硒鼓吗？"
>
> 销售员："有啊，请问您对出纸速度和使用寿命有什么要求？"
>
> 张林："我们是图书公司，当然是出纸速度快些更好。"
>
> 销售员："那向您推荐这个吧，基本上大公司和文化公司都是用这款，大家都说比较耐用。"
>
> 张林："哦？那它和那些寿命比较短的相比好在哪了呢？"
>
> 销售员："主材不同，像那些比较便宜的一般是有机材料，不太耐用，而这款的主材是金属硒，两者的性质不同，质量也就不同。"
>
> 张林："嗨，这些我也不懂，你们保证质量就行。"
>
> 销售员："那是当然，我推荐的这款保您打印 8000 张。达不到这

> 个标准，公司负责换新的。"
>
> 张林高高兴兴下了订单，等待送货上门。

案例中，两家办公用品店的销售员给了张林两种感觉。一个是太过专业，专业到无法沟通；另一个是非常随和，能适应张林的专业水平和节奏。显然后者略胜一筹。

在实际的销售工作中，有些销售员就会有这样的情况。他们认为产品说明书上那些专业术语是对付客户的利器，就使劲地记住并运用这些词语，生怕客户觉得自己不专业，客户会看不起自己。其实，销售员的专业并不是专业术语的堆积，而是把自己专业的产品知识用客户能听得懂的语言表述出来，哪怕是朋友之间聊天的大白话，只要是客户喜欢听的，能让彼此顺畅交流的，就是最好的语言。

所以，作为一名销售员，无论是产品介绍还是与客户聊天，说客户听得懂的大白话就好，用大白话让客户懂得其中深奥的道理，你就是最专业的。

第六章

幽默救场：幽默让客户放松和停留

生活中，幽默就像一剂润滑剂，能够化解场景中的尴尬和不和谐因素。销售中更是如此。销售多发生在陌生人之间，销售员与客户既不是朋友也不是亲人，他们之间的沟通难免会出现尴尬的情形，这个时候怎么办？和客户争执，客户可能会掉头就走，坦率直言又会伤害客户。这种时候，用幽默化解尴尬不失为一个好办法。幽默可以让客户放松戒备，让客户愿意停下脚步给成交机会。

1. 幽默是化解尴尬的"金钥匙"

销售达成并不是一蹴而就的，中间需要很多环节来促成销售的成功。在整个销售过程中，销售员和客户都很难准确预料会出现什么状况。销售员和客户之间可能会因为产品的某个缺陷而僵持不下，可能会因为价格问题而谈不下去，也可能因为一个小小的赠品而磨来磨去。这个时候怎么办？巧用幽默，幽默就是化解尴尬的金钥匙。

幽默的确是个好工具。不失时机、恰到好处的幽默是一种让客户放松警惕的好办法。幽默有着神奇的力量，可以让客户放松下来，缓和情绪，从而缓解紧张、尴尬的气氛，打破沉默和僵局，赢得客户的好感和赞誉。

案 例

原一平是日本寿险业赫赫有名的人物，但他也曾因为自己的矮小身材而苦恼。他的矮小身材给他带来了很多尴尬，但是他接受了自己的样貌，然后用幽默将这一缺陷成功化为了优点。

原一平的上司曾对他说"体格魁梧的人，看起来相貌堂堂，在访问时较易获得别人的好感；身材矮小的人，在这方面要吃大亏。你、我均属于矮小身材的人，我认为必须以表情取胜。"

原一平受到上司这番话的启发，他开始苦练各种幽默表情和幽默语言。他在客户面前不再因为矮小的身材而自卑，而是会用幽默的方式让客户捧腹大笑。

原一平："您好，我是××保险的原一平。"

客户："啊！你们公司的业务员昨天才来过，我最讨厌保险了，所以他被我拒绝了！"

原一平："是吗？不过，我比昨天那位同事英俊潇洒吧！"原一平一脸认真地说。

第六章 | 幽默救场：幽默让客户放松和停留

> 客户："什么？昨天那个仁兄长得瘦瘦高高的，哈哈，比你好看多了。"
> 原一平："矮个子没坏人，再说辣椒是越小越辣嘛！"
> 客户："哈哈，你这个人真有意思。"
> 就这样，原一平一点点打破了陌生拜访被拒之门外的尴尬，带给了客户无限的快乐。原一平的订单就是这样来的，而且多年来他都被尊称为"推销之神"。

案例中，日本"推销之神"原一平的身材让他遭受了很多尴尬，但是他最终学会了用幽默的言行化解与客户初见的尴尬，为自己赢得了很多成功的机会。幽默对原一平的成功起到了很大的助推作用。

销售员必须在销售过程中努力制造并保持和谐愉快的交谈氛围。然而在销售过程中，难免会出现尴尬的场面。适时地来个小幽默，就能消除客户的局促不安，使尴尬的销售场面变得轻松愉快。

因此，销售员必须掌握一定的幽默技巧，从而灵活应对销售中的尴尬局面。

2. 幽默要与产品活动有关联

幽默虽然是销售活动过程中的一剂有效的润滑剂，但是也不能随便"幽默"。幽默的内容最好与销售活动有所关联，让销售的过程永不跑题。这样的幽默更有效果。

案 例

> 众所周知，海耶斯是美国俄亥俄州的著名演说家。但是早年他只是一个畏首畏尾的实习销售员。海耶斯曾经推销过收银机，期间还有一位"师傅"带他。

67

| 销售就要会沟通

> 海耶斯的这个"师傅"是个了不起的人物。他的样貌很平庸，而且身材矮小、肥胖，有着黑红色的面庞，一般人看到他都不会对他产生好印象。但是他有一个过人之处——幽默感十足。
>
> 有一次，海耶斯的"师傅"带着他走进一家小商店。他们刚一开口，老板就很不客气地呵斥他们："我对收银机没有兴趣。"
>
> 海耶斯的"师傅"并没有因为这气冲冲的拒绝而离开，而是倚在这位老板的柜台上，开心地笑了起来，好像他听了一个非常好笑的笑话。
>
> 海耶斯"师傅"的举动让店老板傻眼了，他不知道为什么海耶斯的"师傅"笑得那么开心。这时，海耶斯的"师傅"直起身子，一本正经地向店老板道歉："对不起，我想起了另外一位店老板就忍不住要笑。他跟您一样一开始也说对我们的产品没兴趣，但后来却成了我们熟识的主顾。"
>
> 接下来，他不顾店老板的反应，拿出产品来一本正经地展示给店老板，一样一样地介绍着收银机的优点。每当店老板表示对收银机不感兴趣时，他就哈哈大笑，再用幽默的语言讲上一段其他老板不感兴趣，但是最终成了收银机"粉丝"的事情。
>
> 所有人都在等着看海耶斯"师傅"的笑话，海耶斯感到紧张不安，他觉得"师傅"一定会被残酷地赶出去的。可是最终结果却发生了逆转，店老板多次听到海耶斯的"师傅"这样幽默的表述之后，反而对收银机产生了兴趣，非要弄个明白不行。海耶斯的"师傅"和店老板一起把收银机搬到了店里，两人一起研究起来。

案例中，海耶斯的"师傅"就是一位幽默大师，他用幽默的语言化解了店老板对收银机的反感，最终取得了销售的成功。在这里，我们还要注意一个小细节，那就是海耶斯的"师傅"幽默的内容都是关于收银机的，并且都是开始不接受收银机的老板变成了收银机的粉丝。这样的关联just让眼前的店老板的脑海中充斥着收银机的事情。于是，在海耶斯的"师傅"一遍遍幽默的强化作用下，店老板也开始对收银机产生了兴趣。

所以，销售员的幽默除了能让客户开心一笑之外，还要有点方向性，不能随便拎出一个小幽默、小笑话就拿来使用，在客户笑过之后终究还是要回到现实的销售中来。这样的幽默可能对销售的促进作用并不大。因此，销售员要学习海耶斯"师傅"的幽默，努力让幽默的段子与销售产生一些关联，这样不断在客户脑海中强化产品的理念、销售的观念，对销售成功都会产生积极的促进作用。

3. 幽默带点启发，威力无穷大

幽默并不是随便拿出一个搞笑的段子哄大家一乐，幽默也要讲究应时应景。聪明的人，在用幽默博得大家一笑的同时，也会让幽默在听众心里产生一定的暗示作用和启发作用。

销售员的幽默更要如此。如果销售员能够在尴尬的场合中用幽默"化险为夷"，并能让客户从中得到一些启发，这样的幽默堪称典范，关键是对销售的成功能起到很大的推动作用。

曾经有一位销售主管给手下的销售员讲了这样一个故事。

案 例

历史老师给学生们布置了一项作业，要求同学们认真完成。第二天，学生们把作业都交了上来，历史老师却有些生气，因为一些同学写的字太潦草了，根本看不清。等到历史老师再次给这个班的同学上课的时候，他故意用开心的语气和同学们说："我发现了一件非常让人振奋的事情，最近我们班的同学越来越喜欢学历史。"

说到这里，历史老师停顿了下来，同学们感到又好奇又疑惑。历史老师见大家的注意力都集中在他刚刚抛出的悬念上了，他又开始说："为什么这么说呢？因为我们班上现在有部分同学的历史作业都是用甲骨文写的。"同学们听了老师的话，哄堂大笑，但也有部分同学悄

销售就要会沟通

悄低下了头。

从那之后，这个班的历史作业在书写上有了很大的进步。

销售主管故事中的历史老师就是很聪明的一个人，他懂得利用幽默暗示有的同学书写潦草，像甲骨文一样。一方面让全班同学哄然大笑，另一方面也让写字潦草的同学在愉快的氛围中受到教训，得到启发。

在销售过程中，销售员如果能用幽默并带有启发作用的语言来和客户交谈，客户也一定能在愉悦中感受到销售员的用心良苦。

案 例

乔·吉拉德是有名的推销大师。在成交的关键时刻，客户手握签单的笔时往往会犹豫，而且有的客户很可能在犹豫片刻之后改变想法，单子就因为这片刻的犹豫而丢掉了。乔·吉拉德很会处理这样的状况。当客户犹豫的时候，乔·吉拉德会幽默地问："您怎么啦？该不会得了关节炎吧？"客户往往会被乔·吉拉德幽默的语言逗得开心一笑，边笑边签下订单。

乔·吉拉德对付客户的签单犹豫还有其他的招数。有时他会放一支笔在客户手里，然后把对方的手放到订单上，说："开始吧，在这签下您的大名。"面对乔·吉拉德认真而又幽默的笑容，客户也就无从拒绝了。

如果客户犹豫之后再犹豫，乔·吉拉德就会幽默地说："我要怎样做才能得到您的这单生意呢？难道您希望我跪下来求您？"然后乔·吉拉德真的会跪下来，诚恳地望着对方说："好了，我已经跪下来求您了。谁忍心拒绝一个肯下跪的成年男子呢？来吧，在这签上您的大名。"

如果客户还是犹豫着不签字，乔·吉拉德还会继续耍宝："您究竟要我怎么做才肯签呢？难道您希望我躺在地上？好吧，那我就躺在地上不起来了。"通常情况下，客户都会在捧腹大笑之后顺利在订单上签字。

乔·吉拉德的幽默都是在向客户做出暗示：你要在订单上签字。在实际的销售活动中，销售员也要学习历史老师和乔·吉拉德的幽默智慧，在博得客户一笑的同时，也要给客户一些暗示和启发，通过这样的暗示和启发让客户明白你推销的产品能对他们的工作和生活起到很大的正面的帮扶作用，或者像乔·吉拉德那样，暗示客户签单势在必行。

4. 笑点要低，轻松传递快乐

有的销售员在销售中遇到尴尬场景，就无法再用常规方式让销售顺利推进下去，于是想到了用幽默来缓和一下气氛。可是，销售员的幽默笑点太高了，在紧张的销售氛围中，客户完全没有感觉到销售员的幽默有多好笑。销售员自己在那笑得前仰后合，而客户却无动于衷，这就尴尬了。

笑点太高，没有博得客户一笑，这样的幽默起不到任何作用，反而让客户觉得销售员是在故意没话找话，很不自然。因此，销售员的幽默笑点一定要低，能让客户很容易地感受到销售员的幽默所在。

案 例

寒冷的冬月，有一对夫妻带着8岁的儿子到处租房子。他们来到一个地方，看上一套经济又实用的房子，于是想租下来。丈夫鼓起勇气跟房东说："这房子租金怎么收？"房东看了看这一家说："多少钱都不租，抱歉，我的房子不租给带孩子的。"夫妻俩听了感觉很尴尬，于是转身离开了。可是没走多远，儿子又掉头跑回去敲房东的门。门开了，房东走出来，看了看还是刚才的一家人。他刚要转身回屋，孩子却大声说："奶奶，这房子我要租可以吗？我没有孩子，我只带两个大人。"

孩子的聪明和幽默一下子打动了房东，他稚嫩的语气和小大人的形象让房东一下子高声笑了起来，她决定把房子租给这个聪明、幽默的孩子。就这样，一个孩子成功地完成了这笔交易。

| 销售就要会沟通

案例中，孩子的形象和幽默的话语瞬间打动了房东。其实孩子的幽默并非有多高深的成分，只不过一个8岁的孩子能说出这样的话让大人觉得很有意思。在销售中同样也是如此，幽默不需要过高的深度、多高的笑点，只要能适当地博得客户一笑，能达到促进销售的目的就好。笑点太高，客户领会不到其中的乐趣，那么销售员的这场幽默表演就算是白费了。

案 例

小张和小林合力主持一场老客户答谢会及新产品推广会的相关活动。前来参加此次活动的都是公司的老客户，几乎都是相熟的面孔。小张和小林的主持也感觉没那么紧张。

可是在前面的新品介绍环节，客户的情绪并不高，有些人只是静坐在台下玩手机游戏。难道这些客户都是为最后的抽奖而来的？但是一直这样沉闷下去肯定也不是办法。于是，小张找了个机会，随机应变说道："今天的产品就介绍到这。下面我和林子给大家说段相声。"于是两个人配合着讲了一个现代科幻加武侠小说的桥段。两个人卖力表演，但台下的客户还是没有回应。原来是小张和小林的幽默表演笑点太高了，而且现代感太强了，客户根本领会不了现在的年轻人喜欢的东西，也就看不出来哪里好玩、哪里好笑。

小张和小林感到非常尴尬，没想到客户这么不配合、不给面子。经理一看这情况，赶紧上台救场，三言两语就哄得客户热闹起来，台下的客户对台上的活动有了热烈的响应。小张和小李都感到不解。

案例中，小张和小林的高调幽默表演没有赢得客户的认可，反而经理的三言两语就调动了客户的积极性，原因就在于，客户够不着小张和小林的笑点，说不定还觉得他们的表演很滑稽很无趣。而经理的三言两语恰恰挡中了客户的笑点，客户觉得经理的话语很幽默、很有意思，所以他们愿意听，也愿意给出回应。

所以，销售员的幽默笑点不一定要多高，能符合客户的品味，掐中客户的笑点，恰到好处就好。

5. 分清场合，别让幽默起到反作用

幽默的妙处让销售员百试不爽，但是也千万要注意，并不是所有的场合都适合幽默救场的。有些场合因为幽默的不当出现，反而会坏了成交的好事。

比如，在客户特别着急、情绪特别激动的时候，如果销售员还花大把的时间去创造幽默的氛围，相信客户是没有耐心欣赏销售员的幽默的。再比如，客户或者他的家人身上发生了不幸的事，客户处于庄重、悲痛的情绪中，如果销售员为了哄客户开心而在这种时候搞幽默，客户肯定会认为销售员是个不懂事的人。在不恰当的场合硬要搬出幽默，结果只会适得其反。

案 例

小芳是某上门美容服务的销售顾问。在这个行业摸爬滚打三五年，小芳积累了一些客户，也在小心地维护着这些客户。

小芳到某小区拜访老客户孙姐。孙姐请小芳进屋了，但是孙姐没有时间和小芳交谈。原来，孙姐的独生子亮亮得了一种怪病，孙姐刚刚联系到了一线城市的专家，准备拖家带口去外地给孩子看病。

小芳独坐在客厅的沙发上，看着孙姐里里外外一阵忙，一会给老公打电话，一会联系外地的朋友，一会收拾远行的衣物，一会又归置家里的物品。小芳觉得自己就这样干坐着很尴尬，于是提出帮孙姐一起收拾，孙姐在慌乱中也顾不上礼貌礼节了，随口一说："不用了，你也帮不上忙。"

小芳觉得自己还是应该做点什么，于是她跟在孙姐的身后，时不时和孙姐说句话："孙姐，您这是带孩子去哪看病啊？"

| 销售就要会沟通

> 孙姐冷漠地说了句："杭州。"
>
> 小芳心想，孙姐现在心里正乱，我得开导开导她。于是小芳说："杭州是好地方啊，传说有缘人西湖泛舟能偶遇白娘子呢。"
>
> 孙姐没好气地说："我们又不是去旅游。"
>
> 小芳："那还可以吃肉。传说苏轼死后被招至西天极乐，对人间天堂杭州仍念念不忘，无心念佛。佛祖很犯愁，便准许苏轼重游西湖了却心愿。此时杭州已然是一座现代大都市。苏轼甚感欣慰，来到一家饭馆，想听听后人如何评说自己。刚入得门去，便闻喊声此起彼伏：来份东坡肉！苏轼大骇撒腿跑回西天，自此潜心念佛。孙姐，到了杭州一定要去尝尝那东坡肉啊。"
>
> 孙姐有些生气了："小芳我今天真是没工夫，也没心情招待你，要不你先回去吧，等我们回来给你打电话，咱们再约。"

案例中，小芳虽然是好心想幽默地逗孙姐一笑，缓解一下孙姐紧张的心情，但是她没注意场合。孙姐着急去杭州给孩子看病，她哪有心思听小芳的说笑呢？小芳这个时候和孙姐幽默地说笑，只能招来孙姐的反感，使孙姐的内心更急躁。

因此，销售中懂得使用幽默的力量来化解尴尬、缓解紧张是好事，但幽默也要注意场合。有些场合，幽默就不再是销售员和客户关系的润滑剂，而是成了双方矛盾的导火索。运用不当，就可能将客户越推越远。销售员要懂得不同场合化解危机的不同技巧，在适当的场合运用幽默的力量才能产生化腐朽为神奇的作用，若是使用不当，幽默也会让客户受伤。

6. 注意：把握好度，不是任何幽默都好笑

有的人天生就是幽默大王，喜欢开玩笑。无论在什么场合、面对什么人，他们都能想出幽默的段子，张口就来，说上两段。幽默固然是好事，但是也要根据不同的场合、不同的人群来巧妙运用，否则，幽默有时候就是伤人的

第六章 | 幽默救场：幽默让客户放松和停留

利器，不仅带不来丝毫的幽默感，反而让人厌烦。

在销售中，销售员面对并不相熟的客户更要注意把握幽默的度。幽默玩过火了反而会引火烧身。

案例

邓艳是某电器生产厂家的市场专员，刘总是该电器的分销商之一。合作多年，邓艳与刘总已经非常熟了，已然成了朋友。

刘总生日在即，邓艳按照往年的惯例，卡好快递的时间给刘总寄送了礼物，并且按照公司规定，刘总生日当天，邓艳要代表公司给刘总打电话，向刘总表示生日祝福。

刘总生日当天，邓艳见完其他客户已经是晚上八点钟了，但无论出于公司规定还是和刘总的交情，她都应该给刘总打个电话。

邓艳拨通了刘总的电话，温柔地说："刘哥哥，生日快乐吆。怎么也不请小妹我吃个饭呀，人家可是为你备了大礼呢。"

电话那头刘总正在和夫人二人世界庆祝生日，电话里透出这么个声音，刘总的夫人立刻就火了，闹得二人烛光晚餐也没吃成。后来虽然邓艳亲自上门解释了事情的原委，刘总夫妇也重归于好，但刘总夫人非常介意刘总再代理邓艳公司的产品。

最终，邓艳失去了刘总这位合作多年的大客户。

案例中，邓艳只是想幽默地和刘总开个玩笑，不想这个幽默玩大了，惹得刘总夫妇之间产生了矛盾，并且最终失去了这位大客户。在实际生活中，类似的事情还有很多，下面这个小唐也是一位不懂幽默分寸的人。

案例

小唐是某仪器公司的市场专员。这年年底，公司宴请所有广告合作方，××杂志派了刚上任两个月的胡总编去参加。

| 销售就要会沟通

> 小唐是个不拘小节的人，特别幽默，爱开玩笑。酒席上小唐来到胡总编这一桌敬酒。小唐看到胡总编的到来也非常高兴，借着酒劲，小唐对胡总编说："哎呀，胡总编，你现在的饭量是不是特别大呀，怎么胖成这个样子了。你看看，眼睛都被挤成一条线了，再这样下去可是得了啊。"
>
> 原来胡总编刚刚在××杂志就任总编一职的时候还是瘦瘦高高的样子，两个月的坐班生活就开始发福了。
>
> 听到小唐这么说，在场的人都笑了起来。胡总编觉得特别尴尬，站起身转身离开了。小唐只是想幽默一下，让现场的气氛变得更活跃，不想成了这个样子。

在这个案例中，小唐的幽默的确是过分了。大庭广众之下让胡总编丢了面子，还成了众人眼中的笑话，胡总编自然不高兴。

所以说，销售员要巧用幽默，过火的玩笑开不得，伤人自尊、损人面子、侮辱他人人格的幽默都不可用。否则，幽默就成了既伤客户又伤自己的利器，而这样的销售员也终究不会得到客户的认可。

第七章

谦虚客气：客户更愿意说出自己的想法

　　谦虚就是放低自己，抬高他人。在某种程度上，谦虚一点、客气一点，就等于给了客户面子。特别是销售员虚心向客户请教的时候，客户就有了自我发挥的空间，他更愿意说出自己的看法和见解。这样，销售员就能从客户的表达中了解客户的真实想法，进而对症下药，展开销售攻势。

| 销售就要会沟通

1. 谦虚点，让客户找到发挥的空间

现实中，许多人不爱说话，不爱发表意见。其实，沉默并不是他们的本性，给他们一个适合发表意见的环境，他们还是很愿意一吐为快的。销售员和客户之间也是如此。如果销售员一直很强势地说个不停，客户就没有发表自己看法的空间。若销售员的话听起来头头是道，不容客户辩驳，客户就会感觉自己的意见和想法可能在这样的销售员面前不会被认可，说了又有什么用呢，因此客户就会"懒得"开口。

客户不能说出自己的想法，没有发言的空间，这对成交来说有百害而无一利。客户不说，销售员就不知道推销的产品是否对客户的胃口，也不知道客户究竟想要怎样的产品。如果客户对销售员的产品不满意，他们就会不声不响地拒绝，然后去到竞争对手那里。销售员就会失去这个客户。

案 例

老何是一家小超市的老板，他是一个既固执又保守的倔老头，非常讨厌那些上门推销的人。

一个饮料厂家的销售员来到他的小超市，上来就对老何推销他们的饮料新品。老何没等他把话说完，就将他赶出了门。

没过多一会，某食品厂的销售员丽丽又来到了老何的小超市。丽丽来了可不止一次了，每次都是被老何无情地拒绝。但这次她是有备而来。还没等丽丽开口，老何就对她大吼起来："刚赶走一个，你怎么又来了！出去出去！"

丽丽这次并没有灰心离开，而是笑着说："何老，我今天不推销，我找你有点事儿。"

老何："你能找我有什么事儿，还是你们那点破玩意儿呗。"

丽丽上前一步，笑着说："何老，我今天是专门请教你的销售经

第七章 | 谦虚客气：客户更愿意说出自己的想法

验来了。今天咱掉个个，你向我推销。"

老何情绪缓和了很多，说："你向我请教？我有什么好请教的？"

丽丽认真地说："您在这一片是最会做生意的，每天食品区几乎都得补货两次呢。我就是请教您的销售方法来了。不会舍不得透露吧？"

老何心想，自己活了大半辈子，还头一回有人要向自己请教问题。丽丽这个孩子恭恭敬敬，应该没和自己开玩笑。老何开始得意起来，话匣子也打开了："我哪有什么高招，我在这个地方经营这个小超市二十多年，街坊邻居都是老朋友了，没事了大家过来聊聊天，顺便给他们提供服务，大家相处得很愉快，不舍得离开他们。"

没想到这一聊，半天时间很快过去了，丽丽和老何聊得非常开心。等到丽丽起身告别的时候，老何忽然叫住她："听说，你家今年的新品不错，先给我订30箱吧。卖得好了再来。"

丽丽不仅学到了老何的经营之道，而且了解了老何的秉性和进货原则，开心地离开了。

案例中的丽丽是个聪明的销售员，懂得通过虚心向客户求教来得到客户的接纳和认可。如果她还是一如既往地直接向老何推销产品，想必还是被老何赶出店门。

销售员在久攻不下客户的时候，就要想一想，是不是自己的一路进攻显得太强势，让客户感到压抑了？如果之前销售员一直在强势地说服客户，不妨在后面换个思路。谦虚一点，放低自己，让客户畅所欲言，从而得到满足感。客户的心理满足了，放松了，销售就会轻松许多。

2. 谦虚就是给客户面子

现实生活中，大多数人都不喜欢他人的势头高过自己，特别是用很强硬的语气、傲慢的态度和自己说话。你的高高在上会让对方感觉很压抑，很没面子。销售中同样如此，销售就是要让客户买得放心、买得舒心，里里外外

| 销售就要会沟通

有面子。如果客户是一个很爱面子的人，而你又一直在销售过程中抢客户的威风、夺客户的面子，那客户肯定不会与你成交。

销售员在销售过程中可以适当放低自己的姿态，谦虚一点，让客户面子十足，这样更有利于成交。

案 例

贺宽是某创业公司的小老板，公司刚刚成立，鉴于日常业务的需要，他决定买一辆代步车。可是目前资金有限，所以他只好考虑一辆二手车。

来到二手车市，销售员小郑接待了贺宽。小郑一边陪贺宽看车，一边与贺宽聊天。得知贺宽已经是创业公司的老板，小郑来了一句："贺老板，您应该考虑我们新车区的车型，怎么还要买二手车呢？"

小郑这么一问，贺宽心里感觉很不爽，像是小郑在嘲笑他是个穷老板一样。于是在小郑带他看车的过程中，贺宽故意挑三拣四，嫌这嫌那，看了一会，贺宽就离开了。

小郑也知道是自己的那句话伤了贺宽的面子，所以他一直想补救。恰巧有一天，一位客户要用二手车置换新车，经过店里的评估，这辆二手车的车况还不错。小郑觉得这是个机会，于是给贺宽打电话说："贺老板，我看您也是个汽车行家，今天我要做一个二手车置换，想请您帮忙评估一下车况。"贺宽一听小郑要自己去做车辆评估，也就答应了。

来到店面，小郑热情地握着贺宽的手说："贺老板，您快帮我看看这辆车的整体情况，我出多少钱合算？"

贺宽坐在车上，试车一圈回来，悄悄对小郑说："这辆车的车况不错，我觉得4万元可以收。"

小郑："那真是太好了，那4万您直接开走吧，怎么样？"

贺宽："那我就太感谢你啦！"

贺宽开开心心地把车开走了，而且感觉面子十足。

案例中，一开始，小郑不经意的一句话刺伤了客户贺宽的自尊心，即使当时贺宽有看上的车，也不会立即下单成交了，他得顾及自己的面子。但是后来，小郑变得谦虚起来，假借请贺宽帮忙试车评估之由，轻松拿下了贺宽。玄机就在于小郑的谦虚给了贺宽足够的面子，并且这的确还是一辆不错的车。贺宽肯定不会错过成交的机会了。

销售就是这样，不仅要照顾客户的需求，还要照顾客户的面子。而销售员适当的谦虚就可以抬高客户，给足客户面子。这样客户就会对销售员心存感激，同时自我发挥和自我展示的满足感也会让客户产生成交的欲望，使双方就会离成交更近。

特别是当客户具有一定的行业知识或社会地位，态度又比较强势的时候，销售员更应该谦虚谨慎，给客户面子，让客户多说，这样更利于销售的推进。

3. 谦虚不是一无所知，别让客户看低了你

生活就是这样，有的人不懂装懂，也有人为了讨好他人，懂装不懂。在销售中，也有懂装不懂的销售员，他们为了抬高客户，给客户畅所欲言的机会，会故意装作不懂的样子，让客户来充分表达自己的观点，以满足客户的情感需求与表达需求。

但是，如果销售员无底线地谦虚，处处表现出低客户一等，那么客户就会觉得销售员像个"白痴"一样，什么都不懂，还不如自己懂得多，又怎能从这样的销售员手里买东西？销售员一定要记住，谦虚不是一无所知，过分谦虚只会让客户看低了你。

案 例

郭燕是某品牌化妆品的销售员。她直率而毫无心机的性格，在客户面前总是显得很强势，销售经理总是劝她要谦虚一点，不然会伤害客户。

| 销售就要会沟通

> 一位中年女士来到郭燕的柜台。郭燕心想,这次我一定要谦虚一点,让客户充分感受到我的诚意,不能再把客户吓跑了。
>
> 客户:"您好,请问有适合我这个年龄的护肤品吗?"
> 郭燕:"请问您平时都用哪个牌子的哪个系列?"
> 客户:"我用的××品牌的××系列。"
> 郭燕:"那您可以试试我们这款,和您说的这款比较相似。"
> 客户:"哦,我看看。"说完,客户拿起试用装看了起来。
> 客户:"咦,这个×××是什么成分?我之前用的护肤品好像也有这个。"
> 郭燕:"这个呀,我也不清楚,您觉得呢?您觉得之前的护肤品好用吗?"
> 客户:"啊?你也不知道呀,我更不懂了。"停了一下,客户又接着说:"那你们这是按照什么标准制造的呢?"
> 郭燕:"姐姐您看,我们是这个标准。"说着,郭燕指向了说明书上相应的标识。
> 客户:"那护肤品用哪个标准比较好?"
> 郭燕:"姐姐,这要看你的个人喜好了。护肤品的生产标准很多的。"
> 客户:"那怎样能知道你们的护肤品有没有含汞含铅或者激素呢?"
> 郭燕:"很多人都会问这个问题,我也想请教您呢!"
> 客户:"你怎么一问三不知啊,算啦,我看看其他品牌。"

案例中,郭燕为了把发挥的空间留给客户,故意装作无知的样子,向客户请教,结果客户只能认为郭燕"一问三不知",怎么敢从这样的销售员手里买产品呢?

在销售过程中,销售员适当的谦虚的确可以让客户找到存在感,感到自己有一定的"能耐",进而能够打开话匣子与销售员交谈。这能够有效地调节销售的气氛,让客户放松警惕,与销售员熟络起来。在某种程度上,销售员适当的谦虚来抬高客户,能促进销售的顺利进行。但是,谦虚并不等于要表现得一无所知。如果销售员像案例中的郭燕一样,客户一问三不知,什么都来向客户反问求教，那么客户就会看不起这样的销售员，更不敢与这样的销售员交易。

销售员需要谨记，谦虚需要适度，既要让客户的心里舒服、满足，又不能破坏自己专业的形象，不然只会让客户小瞧了你。

4. 注意：谦虚不是妥协

有人认为，谦虚就是在人前处处贬低自己，处处妥协满足对方，对方就会对自己感激涕零。这恰恰是谦虚的最低境界，一味地妥协只会让对方看低了自己，进而更加放肆地践踏你的尊严。

记住，谦虚不等于妥协！

在销售过程中同样如此，如果在与客户博弈的过程中，销售员一味地妥协，客户仿佛有了向销售员提条件、讲价格的勇气，会不停地要求销售员降价、增加赠品，所以，销售员一定要掌握谦虚的原则和要义。

案 例

黎海是某床具品牌的销售员。他这个人谦虚老实，从不欺骗客户，是客户眼中的大老好人，渐渐地就成了同行眼中的"软柿子"。

这一天，店里来了一位客户，就是附近小区的居民。来到店里，客户粗略浏览了一遍产品，然后直接躺在一张床上与黎海聊天："小伙子，这床垫是纯棕的吧？"

黎海："姐，您怎么知道的呀？"

客户："这么硬，肯定不含乳胶或海绵吧。"

黎海："姐，您真是行家，我卖这么多年都没卖出这经验来。"

客户："说说你这床垫有哪些优点吧。"

黎海按照老套路把床和垫子的用材和其他特点都向客户介绍了一遍。客户听完黎海的介绍，说："听你这么说，你这产品真是无懈可

| 销售就要会沟通

> 击的一款产品了。那为什么还有人选择其他产品呢？"
>
> 　　黎海觉得客户话里有话，怎么可能"无懈可击"呢，自己应该谦虚一点，别把话说得太满。于是他赶忙说："姐，每个人的喜好都不同，当然我们的产品也不是十全十美的，天下哪有十全十美的东西呢！我们的产品也没那么好。"
>
> 　　客户："小伙子你真谦虚，既然这样，就说说你这套产品的最低价吧。"
>
> 　　黎海："哪有啊姐，我这不是谦虚。商场活动8.8折，3200元。"
>
> 　　客户："你都说了这产品并不十全十美，肯定有瑕疵，才8.8折啊？怎么也得给申请个8折呀。"
>
> 　　黎海："好吧。"
>
> 　　客户："小伙子，看你也是个实在人，你那乳胶枕再送我一对呗，我把床和垫子都买了。"
>
> 　　黎海："姐，我的权利就是这个折扣，这价格已经很低了。"
>
> 　　客户："看看，又谦虚了吧。这个主你肯定能做。"
>
> 　　黎海："额，好吧。"

　　案例中，黎海中了客户的"圈套"，虽然在产品介绍的时候他只介绍了产品的优点，但是客户的反问让他必须承认产品不是十全十美的。而这个"瑕疵"就成了客户讲价和提出要求的理由。黎海的谦虚等于承认了产品的瑕疵，那客户提出过分要求他也只好妥协、退让。

　　其实，黎海大可不必全部答应下来，因为不只他家的产品会有瑕疵，其他品牌的产品也不会十全十美。谦虚不等于妥协。在销售中，谦虚应该是销售员对客户的一种礼貌和尊重，而妥协则是对客户"有求必应"，无从拒绝客户的要求。

　　销售员在销售过程中保持谦虚的同时应该坚守底线，不能因为自己的谦虚和客户故意的打压而乱了阵脚。销售员当然要清楚自身产品的缺陷所在，但这不能成为客户讲价的条件。即便销售员谦虚地坦白了这些缺陷，也不能让客户牵着鼻子走，不能因此而向客户低头、妥协。

第八章

话语巧妙：赢得客户的心

巧妙话，顾名思义，就是要把话说得巧妙一些，不那么直白，不那么伤人。巧妙话人人都爱听，因为这样的话语让人听了心里舒服，百听不厌。销售员更要学会说巧妙话，把话巧妙地说到客户心里去，这样才能赢得客户的心。

销售就要会沟通

1. 巧妙话也得说得自然才行

为什么有些人说话让人听了就舒服，而有些人说话虽然也费尽心思想让对方接受，但却适得其反？原因就在于前者的话说得自然，而后者的话说得别扭。

现实中也存在这样的销售员。有的销售员口才好、嘴巴甜，三言两语就能让客户乐呵呵地听他继续说下去，而有的销售员三言两语就会把客户说烦、说跑。俗话说，话不投机半句多。销售员和客户之间也是如此，巧妙话说得自然，就会与客户的喜好"投机"，不会说巧妙话，也就不会与客户的喜好对路。

案 例

王涛是某啤酒厂的销售员，他有着多年的销售经验，一向很自信，可是，对于某市新开的一家酒店他却一直没能拿下。王涛每次去拜会这家酒店的经理都是以失败告终。他左思右想，自己的话术应该也没错呀，对经理也是彬彬有礼，处处彰显着尊重，为什么总是被拒绝呢？

王涛想了很久，他觉得可能自己的说话方式还是不对，于是他决心深入了解一下这位经理。有一天，王涛从另外一个客户那里得知，这位酒店经理非常想成为本市旅馆招待协会的会员，正在为此而努力。王涛心中有了主意。

王涛约了一位老客户，也是本市旅馆招待协会的一名会员，然后故意创造了一个与酒店经理偶然相遇的场景。

王涛："孙经理，太巧啦，在这儿遇见你。"

经理："怎么，在这里还要向我推销你们的酒啊？"

王涛："不是不是，我和咱们市旅馆招待协会的徐会员聊事情呢，刚刚我们还聊起了您的酒店，徐经理可是一直夸您能干呢，要不过来

· 86 ·

一起坐坐？"

听到王涛这么说，孙经理来了兴趣："这……我过来合适吗？"

王涛："都是同道中人，多多交流，没什么不合适的，来来来来。"说着，就将孙经理引入座。

王涛引荐两位客户互相认识。由于有共同的话题，所以三人相谈甚欢。孙经理还向徐会员请教了如何成为会员的问题。

等徐会员离开后，王涛说："这徐会员也是我的老客户了，人很实在。孙经理，今天冒昧把您拉过来，没耽误您的时间吧？"

经理："没有没有，我还得感谢您呢。跟这徐会员一聊，我这心中就有底啦。谢谢您啊小伙子，明天拿着合同到我酒店签合同吧。"

王涛又是客气，又是感谢，恭送孙经理离开了。

案例中，王涛就是找到了孙经理的兴趣点，巧妙地设计了这场偶遇，然后通过巧妙的语言成功拿下了孙经理。整个过程没有一点做作，一切都是那么自然，那么真实。这样的情景不会让孙经理觉得王涛在为了他的订单有意为之，因此，孙经理就会撤销心理防线，王涛的话也就变得更中听了。

在销售过程中，有时候销售员必须说些巧妙话，捡客户爱听的说，从而拉近与客户的距离，让客户自然而然、不知不觉地进入销售员预设的销售情景中。销售员的巧妙话虽是有意说出来的，但却要说得自然大方，否则只会让客户看出销售员的别有用心，从而与销售员的距离越来越远。

2. 配合行动，让话语更巧妙

现实中，没有人喜欢光说不练、耍嘴皮子功夫的人，销售中同样如此。如果一个销售员把话说得非常动听，但就是不去落实，不去实干，这样的销售员也不会受到客户的欢迎，成交的希望更是非常渺茫。

在销售中，销售员除了要会说话，还要懂得配合适当的行动，这样客户才会觉得这是一个靠谱的销售员，也更愿意进一步与之交谈，直至成交。

> **案 例**

　　娟子是某按摩椅的销售员。店里的客户一般都是40岁以上的人群，但是客户都夸娟子这个小姑娘是个懂事的人，比自己的孩子还孝顺。

　　原来娟子面对客户的时候不但会说巧妙话，而且更是从行动上让客户感觉贴心。她接待客户的时候，总能听到一片欢声笑语，完全没有销售员和客户之间的陌生和紧张。

　　娟子："您好姐姐，想看看什么呀？"

　　客户："想买个按摩椅，来你这先体验一下。"

　　娟子："看您用手扶腰进来的，您肯定是老坐着，腰疼吧？"

　　客户："是啊。"

　　娟子赶忙扶着客户到一个按摩椅上坐下来，然后关切地问："是哪块儿疼呢？是这儿吗？"

　　客户："对对，就是那。"

　　娟子："现在挣钱都不容易呀，劳动强度都很大，身体都超负荷了。来，我开电源，您先躺着舒服一下，放松一下。"说着，娟子打开电源，慢慢调节按摩的力度和速度，然后关切地问："这个力度感觉可以吗？"

　　客户："可以，可以，真贴心，简直就跟自己的亲人一样。"

　　娟子又蹲下来，一边给客户按摩腿部，一边和客户聊起来："在这个城市打拼都不容易，压力大。我要是能多一个像您这样的亲人啊，高兴还来不及呢！"

　　娟子见客户腿部的肌肉僵硬，说："姐，您很少参加运动吧，看您这腿部肌肉可是有点僵呢。我再把这个腿部按摩器给您加上。"

　　过了一会，娟子又问客户："感觉怎么样？舒服些了吗？"

　　客户："哎呀，还真是舒服。开单吧。"

　　从上面的案例中，我们不难看出，娟子是个会说巧妙话的销售员，话语中尽是对客户的关心，而且还给客户揉腿，配合着关切的话语显得很是自然。

客户能感受到娟子的关心和热心是发自内心的，而不是在作秀。因此，客户那句"娟子就像亲人"的评价一点也不为过。

倘若娟子只是干巴巴地向客户介绍她的产品如何好，没有引导客户去体验，不肯蹲下身来为客户服务，客户也就不会感受到娟子的真切关心，更不能体验到产品的妙处，成交自然也就无从谈起了。

因此，销售员在销售中除了要会说话，还要配合恰当的行动，给客户更多的亲切感和信赖。

3. 说不通了，可以做个假设

有些人说话很直，有什么说什么，是怎样的就怎样说，从来不会拐弯，更不懂得换个方式去说。耿直、坦诚、直率，在某种程度上的确是一个人的优点，但若是销售员在客户面前也这样说话，客户听到的只能是干巴巴的产品介绍和没有温度的产品价格，再有就是销售员的无趣。

这样的话听多了，客户自然就烦了。销售员若还是一直这样说下去，肯定也是碰钉子，客户不爱听，也不会买账。销售员的坦率若是不能说服客户，在客户面前说不通了，不妨换个方式，给客户做个假设，假设客户买了这个产品，客户将得到怎样的好处。

案 例

近两年，雾霾频发，严重影响着人们的健康。胡刚作为某新风系统的销售员，新品出世，他也经历了不少的挫折。但是胡刚对新风系统的销售很有信心。

这两天，店里来了一位客户。胡刚热情地接待了他。

客户："听说新风系统可以有效地对付雾霾啊。"

胡刚："先生，一看你就是个对生活质量要求较高的人。新风系统对空气的净化作用的确很好，这一点在国外早已经证实了。"

| 销售就要会沟通

客户:"那国内呢?"

胡刚:"新风系统在国内还不是很普遍,一是因为它是个新事物,二是因为它的安装比较麻烦,三是相比空调和空气净化器价格小贵。"

客户:"那这新风系统真有那么神奇了?你来说说。"

胡刚把新风系统的优势一五一十地说给客户听,然后又让客户感受了新风样板间的空气质量,以及新风系统的操作,接着给客户看了新风系统的整个结构图。客户也一直在问东问西,好像对胡刚的产品很感兴趣。可是,客户一直在犹豫,反复地就自己心中的疑虑向胡刚提问。

聊了将近两个小时,客户还是觉得考察考察再做决定,于是起身想要离开。胡刚赶忙站起来,拦下客户说:"先生,您的房屋设计图纸在身上吗?刚好今天我们的工程师在店里,我可以让他帮您看看您的房间适不适合安装新风系统。"接着,胡刚一个电话叫来了楼上的安装工程师。工程师给出了客户房间的新风系统设计方案,并夸赞客户的户型好,新风系统的安装完全不影响其他设备的安装。

客户似乎打消了心中的疑虑,但还是想再考虑考虑。胡刚说:"先生您是对新风系统还有什么不清楚的地方吗?您看我们的工程师也说了您的房间非常适合安装新风系统。现在空气质量越来越差,新风系统恰恰能保障家人呼吸到新鲜的空气。假如您订购了我们的新风系统,一切测量安装我们的师傅都会尽心去做,而且您新装修的房屋里甲醛等有害气体的含量会快速下降,让您家的空气就像大自然的氧吧中一样清新。这可是您对家人的一份浓浓的爱呀。而且我们整机保修六年,有很好的售后服务保障呢。"

客户又回过头来说:"是吗?那您把这个价格、售后和赠品等情况再详细说一下。"

胡刚请客户坐下来,然后拿出一张清单给客户看,另外在清单之外又赠送客户一个扫地机器人,客户爽快地签单了。

案例中,客户一直在犹豫,胡刚也看出了客户的心思,并且确定客户对新风系统是有"好感"的,于是胡刚打消了客户所有的疑虑,然后又给客户做了个假设，假设客户家里安装了新风系统，客户的居家环境会得到怎样的改善，让客户清楚感受到产品的巨大功效，客户反而接受了。

销售就是这样，销售员一股脑地把产品的优势推到客户面前，客户可能不会对这些光秃秃的产品优势动心。若是销售员帮客户大胆设想一下客户购买产品之后的工作和生活的改善，并且得到客户的认同，客户反而会马上接受产品。因此，销售过程中，话说不通了，销售员不妨换个思路，给客户做个美好的假设，从而引起客户对产品的兴趣和信心。

4. 真话太直接，可以绕个弯

人人都喜欢听真话，讨厌被欺骗。让人们说真话不难，但有的真话就这么赤裸裸地说出来，对方未必爱听，也未必能接受。

在销售中更是如此，销售员如果毫无保留地把真话都告诉客户，客户未必会感激销售员的坦率，也未必会听得进销售员的话。面对这种情况，销售员不妨把太过直接的话，换个方式，绕个小弯说出来。把话绕个弯说出来，没那么直接也就没那么强烈的语气和生硬的态度，客户也就更容易接受。

案 例

李丽是某服装商城的销售员，她每天会接触各种各样的客户。

这天，店里又来了两位客户，从他们的谈话来看，应该是农村的姑娘来投奔城里的亲戚来了。穿着时髦的是城里人，是来给乡下亲戚买衣服的。

城里人："你先自己看看，看上哪件就跟我说，然后我们就试试。"

农村人："姑姑，我觉得这件衣服不错，在咱们老家可流行呢，我们同学都穿这样的。"

李丽顺着这位年轻人指的方向看去，哇，好土好老的一件衣服，

销售就要会沟通

> 在这里可都是那些跳广场舞的大妈穿的，这得是什么审美眼光啊。可是李丽又不能直接说这件衣服太老太土。这个时候，城里人开口了："这件呀，你喜欢就试试吧。"
>
> 李丽听着两人的话简直快吐血了，但她作为一个销售员，又不好过多干涉。于是走过去，把刚刚客户"挑中"的衣服取下来，给她试穿，很显然，穿在身上效果肯定是有"大妈"的感觉。李丽没有直接说这件衣服老气，而是指着旁边货架上模特穿的一套衣服说："美女，您看看这套衣服怎么样，这可是很时髦的，你身材比我们模特好，穿上肯定更有气质，要不要试一试。"
>
> 客户走到模特跟前，看了又看，摸了又摸，然后问李丽："这衣服很贵吧？我就穿刚刚那个就行。"
>
> 李丽笑着说："就比刚刚那套贵10块钱。你知道这里的人都喜欢跳广场舞吧，他们一般会选择你刚刚选的那种宽松的、花样多的衣服。"
>
> 客户开心地说："那我试试这套行吗？"
>
> 李丽帮客户换好了衣服。客户对着镜子感慨："哇，完全变了一个人，估计同学们都不认识我了。"然后转向同来的城里人："姑姑，我能买这套吗？"
>
> 城里人："当然可以，这套可比那套好看多了。"
>
> 三个人开心地笑了起来。

案例中，面对一个农村来的不懂时尚的客户，李丽没有直接去抨击客户的眼光，也没有直接去说客户土里土气，而是绕了个弯，用模特作为参照向客户推荐了更时尚的衣服，并且说跳广场舞的人喜欢穿那种宽松、花样多的衣服。李丽这样说就是告诉客户，这种衣服是中年人喜欢穿的，不适合她穿。试想一下，如果李丽直接说客户"土"，即便是个农村人肯定也不愿意听到这样的话，这样的话就会让客户伤心。

由此可见，销售中，有些话不宜太过直接地说出来，那就绕个弯，换个角度，从另一个方向把销售员想表达的意思表达出来，既不让客户丢了面子，又不让客户难堪。销售员懂得把太过直接的话绕个弯来说，更能赢得客户的好感，也就更有利于成交。

5. 客户热情不高，不妨适度激将

在生意场上，并不是销售员的一腔热情就能感染客户，客户虽然到了店里，可能也提不起兴趣来买。面对客户的不温不火，销售员该如何激起客户的购买欲望和热情呢？

俗话说，请将不如激将。销售场中，激将也是销售员屡试不爽、几乎百发百中的妙招。在客户态度不冷不热，或者因为产品的价格略高超出自己的预算而犹豫不决的时候，销售员不妨激客户一下。

案 例

还是来说说原一平这个有意思的日本销售员。原一平在推销保险的过程中，经常会遇到一些固执的老人。这类客户非常顽固，任凭原一平怎么说，他们也不会轻易下单，然后原一平就会说："真是活见鬼了！向你这种一只脚已进棺材的人推销保险，会有今天的原一平吗？再说，我明治保险公司若是有你这么瘦弱的客户，岂能有今天的规模？"

客户听到原一平这样说，心里是又气又恼，这不等于是在说自己没用了吗？于是，客户就会说："好小子！你说我没资格投保，如果我能投保的话，你要怎么办？"

原一平也会假装正经地说："你一定没资格投保！"

客户听原一平这么一说，更是来气："你立刻带我去体检，小鬼头啊！要是我有资格投保的话。我看你保险这饭也就别再吃啦！"

原一平也来劲了："哼！单为你一人我不干。如果你全公司与全家人都投保的话，我就打赌。"

客户也跟着较劲："行！全家就全家，你快去带医生来。"

原一平赶紧趁机把话接过来："既然说定了，我立刻去安排。"

| 销售就要会沟通

> 数日之后,所有的人员都参加体检。除了这位老人因肺病不能投保外,其他人都买了保险。
>
> 原一平巧妙地运用激将法,摆平了最难缠的客户。

原一平就是这样靠激将法激发了客户非买不可的欲望。实际上,激将法在销售行业的使用非常普遍,销售员对这一方法也是屡试不爽。但是激将法也并不是万能的,在使用过程中也需要注意不要伤了客户的自尊心,否则就会适得其反。

案 例

> 陈颖是某高端女鞋品牌的销售员。一天,她接待了一位客户,要给自己的未婚妻买双鞋做生日礼物。陈颖按照客户的要求推荐了合适的款型和色系,但当客户问到价格的时候,开始犹豫起来。陈颖知道客户是觉得鞋子贵了,她决定用激将法激一激这位客户:"先生,您能来我们店给未婚妻买鞋子,说明你很爱她,爱她就要给她最好的呀!"
>
> 客户:"话虽如此,可是我的钱真的不够了,都拿来买这双鞋子,这个月我就得喝西北风了。"
>
> 陈颖:"先生,您要是没钱,干吗要选这么贵的店啊,干脆去批发市场好了。"
>
> 客户听了陈颖的话非常生气,说:"没钱怎么了,谁说没钱就不能进来看看了?"
>
> 客户说完摔门而去。

案例中,陈颖的激将法就有些过分了,伤了客户的自尊心,像是嘲笑客户没钱就不该来这么贵的店。客户听了心里当然不舒服,肯定会生气。那么陈颖的这单生意肯定也就做不成了。

所以,销售员在销售过程中使用激将法的时候,一定要注意语气不能太过,话说得过分了对客户就是一种伤害。这样只会白白损失了订单。

6. 制造惊喜，客户更愿意听下去

人人都喜欢周围的人给自己带来惊喜，惊喜也是俘获人心的一种有效方式。在销售场合中同样如此，销售员如果能不断给客户带来惊喜，客户也更愿意与销售员交流下去。因为充满惊喜的购物总比平铺直叙、波澜不惊的购物要好上很多。

销售员如何给客户制造惊喜呢？

销售员可以故意制造神秘的气氛，比如告诉客户一会店里有活动、购物有礼送、超出客户预期的功能、新的体验等，对客户来说，这些都是惊喜。客户对于这样的信息和惊喜都是很喜欢的。

案 例

苏娟是某品牌空调的销售员。到她店里来的客户很少有不签单的。其他品牌电器的销售员都感到很神奇，这是为什么呢？

原来，苏娟口才很好，总是能够在客户激情即将熄灭的时候给客户来点小惊喜，客户自然愿意继续留在她的店里。

有一天，店里来了一对夫妻，苏娟热情地接待了他们。

苏娟："二位是来看空调的吧，估计您也看了不少产品了，您先请坐，歇一歇。"

两位客户坐下来的功夫，苏娟端来两杯温水，递到客户手里说："来，喝点水。我想先了解一下，您计划买什么样的空调呢？"

女主人也是快人快语，说："客厅一台、两个卧室各一台。"

苏娟："刚装修的房子吧，那真是恭喜了。请问您这三个房间的面积都有多大？"

男主人："客厅有30平吧，两个卧室都有10平左右。"

苏娟："那客厅可以选个2匹的，卧室其实1匹的就够了。"

销售就要会沟通

> 女主人:"那你说客厅的空调我是买个立式的还是挂机?"
>
> 苏娟:"我想参照一下您家的装修设计和家具摆放的情况可以吗?"
>
> 两位客户兴致勃勃地向苏娟描述了家里的装修情况。苏娟根据两位的描述,觉得他们是很时尚的人,而且客厅面积也足够大,空间上允许摆放一个高端大气的圆柱式空调。于是就向客户推荐了她的镇店之宝。
>
> 客户在苏娟的引导下,感受了样机的制冷效果,又询问了价格。然后对苏娟说:"我们再比较一下吧,谢谢你。"
>
> 苏娟说:"没关系。其实我们这款空调还有一个功能,内置了除甲醛装置,可以有效地去除新房中的甲醛,您看这是我们对多位客户房间空气质量的测试,效果非常不错呢。"
>
> 客户又来了兴致:"这还是蛮好的。"
>
> 苏娟又接着说:"不仅如此,我们这款空调还有熏香功能。操作非常方便,您看。"苏娟一个简单的操作,空调出风口就飘散出浓浓的香气。她接着说:"只要将您平时用的香水,在这里加一点点就可以了。"
>
> 客户连连点头。苏娟又接着说:"您看,我们店现在还有店庆呢,您买这款空调我们可以送一款价值1500元的小型健身器,刚好放到您客厅的××位置,简直太超值太划算了。"
>
> 男主人在健身器上试了一试,感觉非常不错,于是笑着和女主人说:"老婆,很划算,买吧。"女主人点点头,跟着苏娟开单交款去了。

案例中,苏娟在客户要离店的时候,为客户带来了层层惊喜。这些惊喜的出现让客户感觉苏娟推荐的产品真的超值,于是开开心心地下单了。客户就是这样,千篇一律的产品并不能打动他们,反而是销售员言语中传达出来的超值和惊喜让他们更感兴趣。

销售员与客户的对话不能仅仅是毫无波澜的产品推销,在特定的时机也要用惊喜来"讨好"客户,从而抓住客户的心,让客户有超值的感受和体验,这样一来,成交就在眼前。

7. 注意：说巧妙话千万不能耍小聪明

有的人认为，说巧妙话就是巧妙地把客户绕进去，让客户不知不觉地进入自己设置的情景或者按照自己的意愿去做，从而达到自己的目的。

在销售中，如果销售员能通过巧妙话达到这样的目的和效果那自然是最好。一来，客户高兴了；二来，销售目的达成了，皆大欢喜。然而，如今的客户无论是专业知识还是购买经验，都不输于销售员。如果销售员在销售过程中耍小聪明，想用甜言蜜语让客户乖乖走进你的套路，可能就会聪明反被聪明误了。

案 例

金亮是某地产公司的售楼员。公司在某市区开发了一个楼盘，高层、洋房、别墅都有，客户选择的空间很大。金亮一向是看人下菜碟，他深信在房这件事上，别墅永远是有钱人住的。

这一天，售楼处来了一对老夫妻，是老头开着电动三轮车带着老太太进了售楼处前的广场。这对夫妻衣着普通，而且拿着几百块钱的老年手机，进了售楼处的门。金亮接待了他们。

老夫妻围着售楼处的沙盘转了一圈，洋房、高层都瞟了一眼，最后在别墅区停了下来。老太太低声说："老头子，这环境看着不错，而且是大独栋，一定很安静。"

老头子："嗯，是不错，价格应该也不错呀！"

老太太转过头问金亮："这盖成之后布局和环境和这一模一样吗？"

金亮觉得这对老夫妻怎么可能买得起这样的别墅，于是应付了一句："基本上是这样。阿姨，您给谁看房啊？多少人住？"

老太太说："儿子要结婚了，我们准备一家人住一起。"

金亮觉得老太太的想法太不现实了，新婚燕尔，小两口正如胶似

| 销售就要会沟通

> 漆呢，哪有想和老人住一起的，再看这对老夫妻，从哪看都不像买得起别墅的人，还是推荐高层或洋房比较靠谱。于是金亮说："阿姨，要是婚房的话，我觉得还是洋房合适。这样住着也方便，而且总价也要低很多。别墅的房价可是要高好几倍呢！"
>
> 老太太只是嘿嘿一笑，说："我们先自己看看吧。"
>
> 金亮点点头，说："好。"很快，售楼处又来了其他看房客户，金亮忙着去接待其他客户了。
>
> 老夫妻看了一会，又找了其他售楼员，要了洋房和别墅的户型图仔细对比起来，并逐一询问了房子的各种细节和价格优惠情况。没过多一会，售楼处响起了欢快激昂的音乐，这是代表有客户签单的音乐。再看砸金蛋的台子上，销售员张某拿着话筒，兴奋地引导老夫妻上台砸金蛋，恭贺二位签下了一栋临湖的别墅。
>
> 只听老夫妻在台上说："谢谢小张的热心服务，我们老两口啊一辈子走南闯北做生意、勤俭持家，就是为了给儿子一个像样的家，今天我们的梦想终于实现了！"
>
> 金亮傻眼了，怎么会这样，这对老夫妻明明能买洋房就不错了，自己这是笨呢还是聪明呢！

案例中，金亮看人下菜碟的小聪明的确误了大事，白白丢了这么大的一单生意。金亮从老夫妻的出行工具、通信工具和衣着上主观判断他们二位不会买别墅，于是一直在花言巧语地向他们推荐洋房，希望在这"最有希望"的地方成交。可是老夫妻偏偏不按金亮的套路来，真的买了一栋别墅。金亮悔之晚矣。

在销售过程中不乏这样的销售员，也许他们的确经验丰富，于是在销售中会按照常规的经验用巧妙的话语牵制客户，让客户按照自己的路子来走，他们可能认为这样更有助于成交。其实如今的客户都身经百战，见识过各种路数的销售员，对于销售员的传统伎俩已经摸得一清二楚，根本不会轻易走进销售员的"套路"。因此，销售员不能自以为自己的巧妙话能有巧妙的效果，当心这种小聪明让自己失去成交的机会。

第九章

发问技巧：增大成功的可能性

很多销售员与客户之间是陌生的，甚至很多销售员和客户从认识到成交只有一面之缘。短暂的接触，销售员如何才能清楚地了解客户的真实需求？如何在短暂的相处中摸清客户的喜好？又如何在短时间内获取客户的信任，进而顺利实现成交？客户不会自发地向销售员吐露心声，销售员要学会发问。通过发问，来增进对客户的了解及感情，从而增大销售成功的可能性。

1. 多问才能得到更多的收获

古人说，善问者，如攻坚木，先其易者，后其节目。可见古人就已经懂得主动发问的重要意义。从古至今，巧妙地发问都在生活中充当着重要的角色，发问可以让自己获得更多的真知。

发问也是一种重要的沟通方式，通过提问可以让沟通双方获得深入的了解，从而达到沟通的目的。销售中同样如此，在销售员和客户并不是很熟悉的情况下，客户不会轻易向销售员说出自己的真实想法，甚至只是自顾自地看产品，都懒得和销售员交谈。这样销售员很难了解客户的真实需求和喜好。为了打破冰封的气氛，并且看透客户的心思，销售员可以巧妙地向客户提出问题。

案 例

陈锋是某文具店的老板兼销售员。有一天，店里来了一位客户，看上去是位孩子的母亲。她在小店里走走转转好几圈，陈锋也没看出来她要买什么。于是陈锋走上前去，说："您好，请问您需要什么呀？"

客户没有说话。过了几秒钟，陈锋又客气地问道："请问您是找孩子的学习用品吗？"

客户不冷不热地说："嗯，我想找一年级学生用的笔和本子。"

陈锋接着问："那孩子有特别喜欢的样子吗？"

客户："没有，好用就行。"

陈锋："老师有没有指定作业本的大小？"

客户："好像说要32开的那种。"

陈锋把店里畅销的几款铅笔和作业本拿到柜台上给客户看。客户看了铅笔说："太花哨了吧。"

陈锋看着客户皱起的眉头，问："这个太复杂了？您希望买简单

第九章 | 发问技巧：增大成功的可能性

一点的是吗？"

客户一边点头一边说："是，太花哨了会分散孩子的注意力。"

陈锋明白了客户的用心，于是拿了简单大方的铅笔给客户看："这样的怎么样，就带一个简简单单的小橡皮。"

客户点点头："这个可以。就这来10根吧，再来10个作业本。"

陈锋说："好的，您现在的消费是20元。现在店里有活动，满40元可以送会员，今天和以后的购物都可以享受九折优惠。很划算的。"

客户："算了，今天我是顺路，我家离你这远着呢。"

陈锋没有放弃："那您住哪呢？孩子在哪上学？您看我们在这些地方都有分店，都可以用会员呢。"

客户看着陈锋出示的会员卡上几所分店的地址，说："咦？你们四小有分店啊？"

陈锋："嗯，就在学校大门旁边。"

客户："这样还行，我孩子在四小上学，还算方便。那您再给我拿10支铅笔和10个本子吧。"

案例中，客户初到陈锋的学习用品店，不言不语，只顾自己看产品。陈锋用一环扣一环的提问打破了冰冷的气氛，深入了解了客户的需求，并成功地推销了会员服务。试想，如果陈锋面对沉默不语的客户，他没有主动发问，而是任由客户沉默，客户可能就找不到自己中意的文具，也就会不声不响地离开。陈锋的销售就是失败的。

销售中，销售员要懂得发问的技巧，用巧妙的发问来打破尴尬的气氛，通过发问来了解客户的需求，表达对客户的尊重和关心。要知道客户回答问题的语气、答案都是一种信号，可以让销售员有效地获取更多的信息，准确把握销售行动。

· 101 ·

| 销售就要会沟通

2. 发问要掌握逻辑顺序

我们总是强调做任何事情都要有条理，说话如此，做事也是如此。发问作为销售过程中的一个重要环节和重要销售手段，也要按照一定的逻辑顺序来进行。如果销售员在向客户发问的时候，眉毛胡子一把抓，不讲究逻辑顺序，客户会觉得销售员做事完全没有章法，更谈不上专业，跟这样的销售员交谈简直是在浪费时间和力气。

对销售员来说，为了在客户面前凸显自己的专业，从环境布置到产品陈列，再到销售员的一举一动，都要井井有条，给客户清晰明朗的感觉，再配合干练专业的形象和话语，处处让客户觉得舒服才行。

案 例

宋茜是某品牌洗衣机的销售员。她做事一向无拘无束，想到哪里是哪里。在外人眼里，她就是一个不讲章法的人。在销售行业一年多，虽然她的热情和实在也让很多客户称赞，并且也有一定的业绩，但是部分客户还是会因为他语无伦次的反复提问而不耐烦地走开。

这天，店里来了一位女客户。宋茜热情地招呼："欢迎光临，请问您需要什么产品？"

客户："我想买个滚筒洗衣机。"

宋茜："那您打算买个什么价位的呀？"

客户："什么价位？肯定是物美价廉的呀。哪有没看东西就说价钱的。"

宋茜："嗨，这不是想了解一下您的预算嘛。您家有几口人，衣服多吗？"

客户："不多，一家三口。"

宋茜："真好啊，三口幸福之家。那您打算把洗衣机放什么位置呀？"

第九章 | 发问技巧：增大成功的可能性

> 客户："这有关系吗？"
> 宋茜："我是想看给您推荐普通的上掀盖还是侧开门的。"
> 客户："都行。"
> 宋茜："您对能耗级别有要求吗？"
> 客户："这又是什么呀？"
> 宋茜："1级能耗是最节能的，最省电。"停了一下，宋茜又接着问："您家放洗衣机那地儿的尺寸您量了吗？"
> 客户："我家地儿大着呢，都能放得下。"
> 宋茜："那太好了。我觉得您直接来这个最高端的就好了，肯定好用。"
> 客户一听，心说：这是什么销售啊！客户找个理由赶紧离开了。

案例中，宋茜语无伦次，说话、发问不讲条理的弊病依然存在。正是这样，客户根本没听明白宋茜向她介绍的什么，也没明白宋茜所在店面的洗衣机究竟有什么性能和优势，怎么会掏钱买呢。宋茜吃亏就吃在发问没有逻辑，让客户失去了耐心，更是觉得宋茜不专业。

销售过程中，销售员一定要理清说话的顺序和思路，特别是提问，别东问一句西问一句，让客户觉得你是个不专业的新手。而条理清晰地发问，不仅能让销售员更多地获取客户信息，而且也能通过发问一步步引导客户向成交迈进。

3. 开放性问题能得到更准确的答案

现实中，提问需要技巧，而提问的方式也有很多。我们可以向对方提出各种各样的问题，从而得到自己想要的答案。但是提出问题的方式不同，对方的回答也就会不同。要想让对方敞开心扉，能够主动透露一些信息，我们就得用开放式问题向对方提问。开放式问题给了对方充分的思考空间和发挥空间，更有助于对方打开思路。

在销售中也会如此，面对陌生客户，销售员几乎对其一无所知。这时，销售员可以向客户提出开放性问题，尽可能地让客户多说。而销售员则通过客户回答问题时的动作、表情和语言来判断客户的真实心理。客户说的越多，销售员越容易掌握客户的真实情况。

案 例

汪真和杨艺都是某保险公司的销售员。然而两个人的销售风格却截然不同。

汪真是个话匣子，他非常喜欢与客户聊天，倾听客户生活中的苦闷和困惑，然后用保险给他们指出一条路子。

汪真："听说最近您某位亲友住院了？怎么样好些了吗？"

客户："嗨，可不，不好治，在医院住一周了。"

汪真："有什么我能帮忙的吗？"

客户："也帮不上什么，天天躺在那，除了花钱也没啥。"

汪真："哎，看来这种大病保障对家庭来说还是很重要的。您家的保障情况怎么样？"

客户开始聊起了为自己及家人购买的保险，以及未来的保险计划，并且主动询问汪真现在有没有适合的保险。汪真非常轻松地签下了这个客户。

而杨艺签单就没这么容易。杨艺面对客户提出的问题总是让客户只言片语就答"利索"了。

杨艺："请问您已经为家人购买了大病保险吗？"

客户："买了。"

杨艺："现在有多大的保障？30万还是50万？"

客户："50万左右。"

杨艺："那子女的教育金您有储备吗？"

客户："这个还没有。"

杨艺："请问您的孩子几岁了？在哪里上学？"

> 客　户："7岁，小学一年级。"
> 杨　艺："您计划为孩子储备多少教育金？"
> 客　户："呃，我没有规划。"
> 杨　艺："我们这里有子女教育金规划，您看看。"
> 客　户："算了，今天还有事，改天吧。"

案例中，汪真和杨艺两个人对客户进行提问的方式截然不同。汪真非常擅长用开放式提问打开客户的话匣子，让客户在不知不觉中把内心的想法和情况都说出来，这样他就可以在聊天的过程中悉数掌握客户的相关情况，从而再对症下药找到促进成交的方法。而杨艺就不一样，杨艺的提问就显得没有一点温度，就是一种简单、古板的销售提问。而且提出问题的方式让客户回答的不是yes就是no，杨艺很难从客户的回答中得到准确的信息，自然也就很难做出正确的判断。

所以说，如果时间允许，情境允许，销售员可以在适当的场合通过开放式问题对客户进行提问，尽量打开客户的思路，让客户主动来说，这样更有助于销售员掌握客户的有关信息。

4. 巧妙设问，把答案都掌握在自己手中

上文我们说到销售员要懂得利用开放式问题打开客户的话匣子，让客户自发地多说出一些信息。这对销售固然是有利的。但是一味地用开放式的问题向客户提问，一直让客户来说也未必就靠谱，很有可能说得多了扯得就远了，会偏离销售的主题。而且销售员一直让客户说，客户也会觉得这是销售员的套路，是在故意套他的话，进而让销售员和客户之间再度产生隔阂。

当销售员通过开放式提问获得了足够多的信息之后，就可以通过另一种方式的提问巧妙地收住客户的话，让客户按照自己设计的成交思路一步步靠近成交。

案例

郑琼是某品牌奶粉的销售员。一天,店里来了一位宝妈。郑琼热情地接待了她。

郑琼:"您好,请问您是要买宝宝的奶粉吗?"

客户不冷不热地回应了一声,表示默认。

郑琼:"请问您家宝宝几个月了?之前喝过奶粉吗?"

客户:"才刚刚三个多月。还没喝过奶粉。"

郑琼:"哦,正是可爱的时候。宝宝的活动量越来越大了,饭量也会越来越大,补充点奶粉也是可以了。"

郑琼又接着问:"宝宝的肠胃怎么样?从出生到现在有没有拉过肚子或者严重的吐奶?"

客户:"这倒没有。"

郑琼:"真是个健康的宝宝。但是还是要注意。初次增加辅食要选择成分合理的,不然宝宝初次接触母乳之外的食物,肠胃会有几天的不适应。"

客户:"那我应该买什么样的呢?"

郑琼:"一是选成分健康的,二是选成分接近母乳的。您看这款奶粉。这是权威机构做的成分鉴定,它的成分和含量和母乳非常接近,而且口感也接近母乳,初次接触奶粉的宝宝比较容易接受。"

客户:"那我就买这个吧。"

郑琼:"好的。如果宝宝喝完有任何不适,请先停止食用或者减少食用量,然后慢慢增加。"

客户:"好。"

郑琼:"那您是先买一罐还是两罐?"

客户:"我先买一罐吧,万一他不喝,也省得浪费那么多。"

郑琼:"好的。"

第九章 | 发问技巧：增大成功的可能性

案例中，郑琼在成交的最后阶段用一个选择式提问锁定了客户的答案，成功地售出了奶粉。

在实际情况中，像这样的销售方式并不少见，可见这是一种非常有效的促进成交的方式。销售员要懂得用封闭式问题锁定客户的答案，成交就近在咫尺。

5. 提问也要适度，把握尺度是关键

我们都知道做人做事要讲究个度，凡事做过了就会让事情向背离预期的方向发展。销售员在向客户提问时也一样要讲究尺度。对于客户的隐私和客户不愿意讲的事情，销售员就不要在客户面前一直深挖下去，不然会让客户反感和难堪。

对于客户敏感的问题，销售员需要去了解。销售员通过提问的方式来了解客户情况，一定要注意提问的尺度。

案 例

萧然是某健身会所的销售顾问，但在很多人眼里他成了一个"私人侦探"——他为了给客户制订合适的健身方案，经常挖掘客户的隐私。

这天，萧然约见了一位潜力客户。见面之后，二人互相寒暄问候一番，双方就进入了正题。

萧然："刘先生，您近些年参与过专业健身吗？"

刘先生："偶尔吧，平时工作比较忙。"

萧然："那您现在的工作情况怎么样？平时有多少时间参与健身？"

刘先生："我是个生意人，走南闯北的，时间不多。我想办个家庭卡。"

萧然："嗯，那您家里都有什么人呢？他们都会在什么时间来参加健身？"

| 销售就要会沟通

> 刘先生:"我现在就是一家三口。宝宝刚出生3个月,老婆想通过运动瘦身。"
>
> 萧然:"我想了解一下您夫人的身体情况,比如身体有没有受过伤,对运动形式有没有禁忌等。"
>
> 刘先生:"这——难道我们不能自主选择健身项目吗?到了您的会所还不能参加所有的项目吗?"
>
> 萧然:"这当然可以。我想了解清楚一点,给您家人设计合理的运动强度和会员付费标准。"
>
> 刘先生:"哦。"
>
> 萧然:"那您夫人现在身高、体重、三围有多少,想减肥到什么程度?"
>
> 刘先生:"这个就随她了,女人就是这个样子,随便她了。"
>
> 萧然:"好吧。那请问您平时会和太太一起来吗?"
>
> 刘先生:"啊?这和办你们的会员有关系吗?"
>
> 萧然赶忙解释:"不是的,我们这里在城区固定路线有定时的班车接送,需要统计人数和乘车路线。"
>
> 刘先生:"这等我办了卡再说吧。"
>
> 萧然接着问:"那您方便说一下您太太平时的生活习惯吗?"
>
> 刘先生:"这和健身有关系吗?太搞笑了。"说完起身就离开了。

案例中,萧然虽然是一番好心,想全面了解客户的基本情况,可是很多问题触及了客户的隐私,起初客户会避而不答,但萧然一再追问、深挖,他的问题没有把握好度,引起了客户的反感,导致自己白白损失了这样一位客户。

销售中,销售员千万要注意,通过提问多多了解客户的基本情况那是好事,但是一些销售员把握不了提问的深度,反而筑起了客户的防线,使客户再次对销售员产生戒备心理。这对销售来说是不利的。销售员只有把握好向客户提问的度,才能更好地促进销售。

6. 提问不能咄咄逼人

在销售过程中，销售员适时、适当地向客户提问，会带来千千万万的好处。但是提问不能滥用，不能咄咄逼人。如果销售员的态度特别强势，咄咄逼人，客户听起来就会感觉很不舒服，也不愿意坦诚地回答销售员的问题。

销售员要时刻牢记，提问的目的是为了获取更多的有关客户的信息，以对症下药。如果提问过于频繁，刨根问底，提问就变了味道，变得让客户无法接受。

案 例

卢晓晨是某品牌手机的销售员，她是出了名的冷美人。有一天，一位客户光临了卢晓晨的柜台。卢晓晨在客户自行看了一会之后，问客户："您好，请问您需要什么产品？"

客户："我想给父母买个操作简单的、屏幕大、字号大的手机。"

卢晓晨从展柜中拿出一款，递给客户说："您看看这款，很多人买这个。"

客户拿起手机，在手中把玩起来，可是怎么都不能开机，于是向卢晓晨请教。

卢晓晨见客户连这么简单的操作都不会，有点着急地说："诺基亚手机没用过吗？开机方式不过就那么几种，试一遍就行了。"

客户又摆弄一番，终于打开了手机。可是客户听着手机音量较小，于是又去问卢晓晨能不能把声音调大。

卢晓晨更不耐烦了，说："你知道手机都有设置功能吗？"

客户："当然。"

卢晓晨："那就从设置、情景模式中调节就好了呀。"

109

| 销售就要会沟通

> 客户一边试用手机一边时不时地向卢晓晨问问题。卢晓晨冷冰冰地为客户解答了。卢晓晨问:"你的父母要用微信和网络吗?"
>
> 客户:"他们不会,但是可以教他们用。"
>
> 卢晓晨:"那他们的视力和听力都好吗?"
>
> 客户:"视力不怎么好。"
>
> 卢晓晨:"那就不能买这款了,这字太小。看这个大字的吧。"说着又从柜台拿出一台手机递给客户。客户拿着手机摆弄了好一会。卢晓晨显得又不耐烦了,说:"你今天到底买不买呀?"
>
> 客户:"看上了就买呀。"
>
> 卢晓晨:"老年机就这么些功能,没什么看的,试好机赶快交款吧,我还得接待别的客户呢。"
>
> 客户:"嗯,那我今天先不买了,你先忙。"
>
> 卢晓晨生气了,对着客户气冲冲地说:"你诚心买吗?"
>
> 客户已经摔门而去了。

案例中,卢晓晨提问的语气特别强硬,好像很不情愿为这位低端客户服务一样。这让客户觉得卢晓晨的问题咄咄逼人,好像是看不起自己,不屑和自己做生意。客户因为销售员的提问感到非常懊恼,自然也就不会买卢晓晨的产品。

案例中的情况只是提问不当的一种。除此之外,销售员一个劲地提问,还有对客户质疑的提问,都会让客户觉得销售员的问题咄咄逼人。对于这样的问题,客户不会心甘情愿地回答,只会让销售的氛围越来越糟糕。因此,销售员要注意提问的语气,千万不能让客户觉得自己的尊严和隐私受到了威胁,不然只能吓跑客户。

7. 注意:提问不能只顾自己的疑惑,不顾客户的感受

在销售中,可以说提问是促进销售成功的利器。销售员向客户提出

第九章 | 发问技巧：增大成功的可能性

问题无非就是为了明白客户的所思所想。可能销售员觉得并没有恶意，只是为了更多地了解客户，从而为客户提供更好的服务，但面对销售员一连串的问题，客户会产生被审问的感觉，难免会产生戒备心理和不自在的感觉。

在此提醒广大销售员：向客户提问的时候不能只顾着达到自己的目的，搞清楚自己心中的疑惑，也要注意提问的方式和语气，照顾到客户的感受。毕竟客户的美好感觉才是成交的关键。

案 例

黄小波是某日用品店的销售员。有一天，一位先生来到他的店面买东西。黄小波负责接待。

黄小波："先生，您之前用过我们这个品牌的产品吗？"

客户："用过啊。"

黄小波："那您用的是哪个系列呢？"

客户："这个、这个、这个我家都用过。"客户指着货架上的产品说。

黄小波："那您是我们的老客户了。您大概多久需要购买一次这类产品呢？"

客户："这个不一定，有时候顺路就来了。"

黄小波："您觉得我们的产品怎么样？有没有需要改进的地方？"

客户："这两个系列还可以吧，这个不太适合我家用。"

黄小波："为什么您觉得这个不适合呢？"

客户："呃，说不清，可能不适合我家人的肤质。"

黄小波："您使用这款产品多长时间了？"

客户："大概是去年用过一段时间，觉得不适合就换了。"

黄小波："那我们客服人员有没有做过回访呢？"

客户："我一个亲戚就在你们总部做客服呢。"

黄小波："真是太巧了，她现在还在做吗？"

客户："这个就不方便告诉你了。"

黄小波和客户的对话就这样尴尬地结束了。客户也不愿意再与黄小波多说，主要还是被黄小波一个接一个的问题吓住了，而且最后还问到了他这个客服亲戚，其实这些问题多数与当天的销售活动毫无关系。

黄小波的本意并不是窥探客户的隐私，或者找这位客户的亲戚走关系等。但他这不经意的一问却让客户感觉不爽。在销售过程中，销售员千万要注意提问的方式、语气和深度，与销售活动和产品有关的问题可以提，与之无关的就尽量少问，以保证客户在整个销售过程中都保持良好的状态和心情。

下 篇

销售场景实战：用话语征服客户

第十章

电话销售：让销售不畏空间距离

电话销售实现了销售员与客户之间的"隔空"对话与成交，成了销售员足不出户就能取得良好业绩的重要途径。随着电话销售的普遍发展，电话销售也给消费者造成了一定的困扰，电话广告满天飞、无意义的推销电话不断，让人反感不已。那么，销售员怎样说才能让客户愿意听下去呢？如何才能成功完胜电话营销呢？我们就通过本章内容来探讨这个话题。

1. 电话陌访，不让客户一听就挂的秘密

作为广大消费者的我们，一定也深深体验过被各种推销电话打扰的烦恼。接到这样的电话，很多人听到对方自报家门就会直接挂掉，甚至连一个字都不说就会挂断电话，还有的人会破口大骂销售员一通，然后无情地挂掉电话。客户觉得这样的销售员就是在骚扰自己的生活，因为自己并不需要销售员推销的产品，自己也从未向任何人提起过需要这样的产品。而销售员会觉得这样的客户太无礼，自己又不是骗子，为何那样对待一个辛苦工作的销售员呢？

可是有的销售电话打进来，我们就会听几句，甚至会主动询问一些产品问题，即便拒绝对方，也不会带着怒火拒绝销售员。这是为什么呢？除了客户对产品有兴趣之外，还有其他秘密。

选对打电话的时间

通常情况下，在工作时间和睡觉时间人们不愿意接听电话，销售员在进行电话销售时要特别注意避开这两段时间，以免打扰客户工作和休息，引起客户反感。

美妙的声音

我们接听电话，首先接触的就是对方的声音。对方的声音美妙，就愿意继续听下去；若是对方的声音沙哑或者带着消极情绪，那肯定也就没心思去听了。因此，销售员要打造有魅力的声音，能够让客户在听到你的声音的时候受到正向的积极情绪的感应，这样才会愿意进一步听你往下说。

简洁自然的开场

电话销售开场十分重要。通常情况下，简洁自然的开场是最好的，一来显得销售员有涵养，二来不至于因为开场冗长繁杂而让客户失去耐心。

> **案 例**
>
> 销售员:"您好,请问是××先生吗?"
> 客户:"是的,您哪里?"
> 销售员:"是这样的,我是××装饰公司,我姓×。这个周末我们公司在××小区举办一个大型的参观样板间和家装经典设计咨询会的活动,您可以带家人一起来参加。"
> 客户:"就在我们小区?好的,怎么联系您?"

这就是一个简洁自然的开场白。没有多余的语言,也不是张口就是销售,只是好意邀请客户参加周末的活动。面对这样的开场白,客户就不会反感。

巧妙过渡

有的销售员说,电话里只要一说到销售产品,客户就会挂断电话。出现这种情况的原因是销售员在开场与销售环节的语言过渡不自然、不巧妙,让客户一听"这就是推销的",客户当然不愿意再听下去。销售员可以有意识地设置与销售有关的开场,这样当你把话题转移到产品上来时,客户心里不会形成强烈的转折与反差,这样客户更容易接受。

> **案 例**
>
> 销售员:"您好,请问是××同学的家长吗?"
> 客户:"是的,您哪里?"
> 销售员:"我是××培训机构,看到学校张贴的数学擂台大赛名单,您家宝贝也参加了,真棒。"
> 客户:"是的,锻炼一下孩子嘛。您有什么事?"
> 销售员:"是这样,我们机构针对本次擂台赛设计了非常有针对

> 性的辅导，××、××等孩子都参加了。您家孩子需要专业辅导吗？"
>
> 客户："那我们肯定也要参加的。"

这样的过渡对客户来说就觉得很自然，客户不会觉得销售员是在推销自己的课程，好像是在提醒客户孩子需要专业辅导。

总之，销售员要想让客户听到你的开场而继续听下去，就要在声音、开场上下功夫。做好这一步工作，销售才有可能向成功迈进。

2. 礼貌与尊重让客户更愿意听

在电话销售中，销售员与客户并不是面对面接触，双方之间互相了解、建立信任完全是靠声音和话语。那么，销售员如何通过电话给客户留下良好的印象，让客户对你的话产生兴趣，愿意听你说下去呢？做到以上这些是需要销售员狠下一番功夫的。而要想达到与客户顺畅交流的目的，销售员在通话中就要对客户表现出礼貌和尊重。

电话销售中，销售员对客户的礼貌和尊重不仅表现在通话之初，建立情感与信任阶段，而且这种礼貌和尊重要贯穿在电话销售的始终，让客户自始至终都能体会到销售员的礼貌和涵养。

电话销售之初

对于电话销售，销售员能够在客户接起电话的短时间内得到客户认可是非常重要的。而这其中的关键就是销售员话语中体现出的对客户的礼貌和尊重。如果客户听到的是一个甜美的声音，并且话语中尽是对自己的礼貌尊重，而且谦逊客气，那么客户就愿意听下去。

案 例

> 销售员："下午好女士，很抱歉打扰您。我是××保险的销售员，

第十章 | 电话销售：让销售不畏空间距离

> 请问您现在方便接听电话吗？"
>
> 客户："还行，有什么事您说吧。"
>
> 销售员："您在我们公司购买的××保险交费已经逾期3天了，请您尽快在划账卡上充值，以保证这份保险合同正常履行下去。另外，综合您家庭的投保情况来看，我觉得您的家庭的养老保障并不是很充足，现在有一个非常合适的保险计划，不知您是否有兴趣？"
>
> 客户："好啊，您晚上七点到我家来找我吧。"

不难看出，销售员开场第一句话满是对客户的礼貌和尊重。问候、冒昧打扰的歉意、对客户接听电话意愿的尊重，这些都会让客户感到亲切和舒适，客户当然不会反感销售员继续往下说。

电话销售之中

在电话销售过程中，销售员对客户要保持始终如一的礼貌和尊重，不能因为双方越来越熟就显得太过随便，这样也会让客户觉得你这个人没有礼貌，只会装腔作势。

案 例

> 电话销售中，扫地机销售员客客气气地开了场，并且已经和客户聊到了产品上。
>
> 销售员："哈哈，原来你也是个懒人啊，跟我一样。"
>
> 客户："呃，啊。"
>
> 销售员："改天咱俩可以交流一下懒人生活经验。"
>
> 客户："呃，我有事，先挂了。"客户心想，这人怎么卖东西的，居然说我懒！

在这段对话中，销售员虽然客客气气开了个好头，但聊起来之后，就把礼貌和尊重抛之脑后了。说客户懒，揭了客户的短，客户会觉得这是在嘲笑

119

自己，肯定不愿意再与销售员交流下去了。

电话销售结束

电话销售很成功，客户已经同意下单了，越是在这种时候销售员越要注意，千万不能因为销售成功而得意忘形，潦潦草草地结束通话。销售员一定要把礼貌、尊重和稳重的一面坚持到最后电话挂断那一刻。礼貌地向客户表示感谢、约定下一次通话时间、表示很高兴与客户通话等都是非常必要的，这会让客户觉得你真的是一位有礼貌的人，而不是为了讨好客户在装腔作势。

在电话销售中，销售员一定要从头到尾保持懂礼有礼的形象，让客户处处感受到你的尊重和礼貌，这样客户才能放心地与你交流，愿意把钱花在你的产品上。

3. 巧妙自报家门，让客户感兴趣

有的销售很是苦恼,怎么我一说是保险公司的,对方就挂了;怎么我一说贷款,对方就没声了。很显然，客户对你的保险和贷款不感兴趣。可是怎样自报家门，才能让客户感兴趣呢？难道保险销售员和贷款部门就不能做电话销售吗？

当然不是，电话销售并没有限制行业，而且保险等金融业开展电话销售的比比皆是，电话销售也为这个行业带来了不菲的利润。对于销售员来说，如果你自报家门就会遭到拒绝和冷遇，不妨换一种方式，巧妙地自报家门，客户就会产生兴趣。

幽默"报名"，为自己赢得好感

幽默在很多场合都能发挥重要作用，在电话销售中也不例外。销售员在自报家门时会吃"闭门羹"，不妨换个方式，幽默地报上家门。这样客户的注意力就在销售员的幽默上，从而缓解对电话推销员的反感。

案例

销售员:"张女士,我是××公司的销售员刘洋。不过,这可不是一个推销电话,我觉得您应该不会一下子就挂断吧?"

客户:"你知道就好,我最烦推销了。"

销售员:"那我还是小心点儿,不能给您添堵啊。"

客户:"说吧,什么事儿?"客户的口气已经没那样冷淡了。

销售员这么幽默地自报家门,客户已经产生了笑意,肯定不会上来就拒绝销售员了。

假借调研,让客户放松

既然客户反感推销电话,那么销售员在自报家门时可以找个借口,比如说自己不是推销的,是调研的,从向客户请教问题开始。有人向自己虚心求教,客户就不会毫不客气地拒绝销售员了。

案例

销售员:"您好,请问是孙女士吗?我是××公司的理财顾问周颖,打扰您了,我想向您做一次调研,请教您一些问题,可以占用您两分钟的时间吗?"

客户:"好,你问吧。"

如果这位销售员直接问孙女士有没有理财需求,估计孙女士多半直接挂电话了。但是销售员说是向孙女士请教问题、调研,孙女士要是拒绝这样一位谦虚的人就显得太不礼貌了。所以,销售员自报家门的时候,找个推销之外的由头,客户就会放下心来接受。

拉关系，他人引荐

无论是工作还是生活，人们都非常注重关系网的建设和维护。销售员也可以充分利用这一点，在电话销售中拉近与客户的关系。如果销售员说是客户的好朋友××引荐的，客户就会觉得与销售员的关系没那么远了，凭着和××的关系也得给销售员个面子，听他把话说完。这一点无论是电话销售还是现场销售都是百试百爽。

打错电话，表无辜

电话接通后，销售员如果不想让客户把注意力集中在"推销"这件事上，就要有效地转移客户的注意力，比如可以借口打错电话。话题同样是围绕销售进行，但客户会将注意力一分为二：电话打错了，产品。

案 例

> 销售员："高小姐您好，我是××公司的张静。最近怎么样？皮肤有改善吗？"
>
> 客户："什么？你是谁？"
>
> 销售员："我是××公司的张静啊，我们公司主要是做××护肤品，3个月前您电话咨询并要求我给您寄了试用装，今天给您电话主要是想了解一下您用过产品之后的效果。"
>
> 客户："你打错了吧，我不是你们的客户。"
>
> 销售员："不会吧，可能是我打错了。顺便冒昧地问您一下，您现在用的是什么品牌的护肤品呢？"
>
> 客户："哦，我用的不是你们的产品，我用的××品牌。"

销售员通过一个"打错的电话"，成功地将客户引到了护肤品牌和销售上。这就是一种巧妙的自报家门的方式。

当今的客户对直来直去的推销非常不喜欢，销售员必须迎合客户的胃口，换个方式来报出自己的家门，更好地让客户接受自己并交谈下去。

4. 讲话有逻辑，客户才不会反感

无论何种场合的销售，我们都在强调销售员讲话的逻辑。电话销售更是要讲究说话的逻辑，因为这种销售是完全靠通话完成的，话语是整个销售过程的主宰。

在电话销售中，销售员肯定是整个销售过程的主宰者，会有很多话要对客户说。如果销售员不能组织好语言，不注意讲话的逻辑顺序，那么客户在电话那头，看不到产品也看不到销售员本人，很可能就被销售员毫无条理的语言绕晕了。到了这种程度，成交也就成了泡影。

销售员在拨打客户电话之前，首先脑海中要有清晰的思路，之后在电话中通过语言一步步达成最终的销售目的。

获得接纳

销售员首先要寻求客户的接纳。对于电话销售来说，这个过程往往发生在开始通话的一分钟之内。这个时候销售员就要充分发挥自己的好口才，礼貌、尊重、设问或者拉关系等都可以，只要让客户保持通话，那就有深入交流的机会。同时，在这个过程中要初步向客户传达销售员的身份和通话的目的，表明自己的坦诚和真诚。

了解客户

在电话销售之前，销售员可能对客户一无所知。在得到客户的接纳之后，销售员可以通过关切的询问来了解客户的基本情况。比如询问客户在工作和生活中遇到的与产品相关的问题、期望的解决方案等。客户觉得销售员关心自己，也就不会反感销售员，更不会无情地挂掉电话。

推荐产品

销售员了解了客户的基本情况，也与客户有了感情基础，这个时候就可以提出帮客户解决问题的方案了。比如销售员可以说，这个产品可以帮您解决怎样的问题，能让您的工作和生活得到怎样的改善等。销售员还可以邀请客户到店试用或者主动寄送试用品。只要不是赤裸裸地跟客户要钱，客户一般都不会拒绝免费试用的。

达成销售

在客户认可销售员的产品之后，销售员就可以进一步促进成交了。当然，在临近成交的最后时刻，客户也会出现诸多反复和变化，销售员要通过巧妙的语言安抚客户的情绪，打消客户的疑虑，避免客户再三犹豫。这些内容我们会在后面的章节详细阐述。

总之，销售员在电话销售中一定要有清晰的思路，这样才能组织好语言，让销售过程有条不紊地推进，给客户一种顺畅无阻的体验。条理清晰的销售员才是客户欣赏的销售员。

5. 单刀直入，快速进入重点

一些销售员苦于自报家门被客户拒绝，于是就想采取迂回战术，先跟客户拉家常、套近乎，建立感情基础，然后再销售产品。其实这样的套路也早就被客户识破了，虽然这与赤裸裸的推销相比客户更容易接受一些，但是有些客户未必买账。

有些客户天生是急性子。销售员如果在电话中左弯右绕地和他们套近乎，他们也会不耐烦地催促销售员："有什么事你直说吧，我忙着呢。"这时候，销售员就觉得尴尬了，直接步入销售的主题，"推销"之举昭然若揭，等于承认了自己之前的言语是有目的的。那么，销售员怎么说才恰当呢？

套近乎的过程一定要快

在销售过程中,销售员与客户必须先建立感情基础和信任基础,于是套近乎就是在所难免的。但是套近乎的过程一定要短,一定要快,更要自然。千万不要让客户察觉你这是为了销售在刻意为之,或者这个前奏过长耽误了客户的宝贵时间。

一开始巧妙说明"来意"

虽然,销售员在客户面前需要甜言蜜语的嘴皮子功夫,但是一定要坦诚相待。要知道真诚是人与人交往最宝贵的品质。销售员在开场中巧妙地说明"来意",一方面可以让客户心如明镜,明白这次通话的内容,另一方面,客户心中悬着的石头也会放下来,从而获得更好的通话感受。

案 例

销售员:"陈姐您好,我是××路××锁具公司的高萌。今天给您打电话是想了解一下咱们家入室门的安全情况,年底了,小偷又多了,咱得防患于未然。"

客户:"啊,我们家门锁还是开发商的老锁呢,这不安全吗?"

销售员:"别提了,前两天我们楼上住户就被盗了,他家装修的时候还换了门和锁也是不行。现在呀A级锁芯和B级锁芯对小偷来说就是轻车熟路了,一般换锁的都换C级锁芯。"

客户:"这我也不懂啊。"

销售员:"没关系,您看什么时候有时间了您来我们店里看看,我给您详细讲讲您就明白了。"

销售员用一个公众都关心的问题抓住了客户,巧妙地和客户站在了同一个阵营里,成了"自己人"。销售员没有藏着掖着,没有对自己的身份隐瞒不报,这样的直率反而得到了客户的认可。

用客户利益吸引客户

无论在工作中还是在生活中，一个人最关心的、首要关心的还是自己的利益，电话销售中也是如此。在电话中，销售员不要去讲产品的优势，而是要讲产品给客户带来的利益。销售员把客户利益描绘到足够打动客户的时候，成交就水到渠成了。

案例

> 销售员："这个产品可以有效地矫正孩子的坐姿，让您的孩子保持美妙的体型。"
>
> 客户："这么神奇？"
>
> 销售员："是的。它的制作材料是一种智能材料，能根据孩子的身高和双手放在桌上的位置调节靠背的弧度，对脊柱的生长发育是非常有好处的。"
>
> 客户："有点意思。"
>
> 销售员："我们做父母的辛苦一生不都是为了孩子嘛，还有什么比孩子健康成长更重要的呢？"
>
> 客户："那您帮我预约明天的体验测试吧。"

任何一个父母对孩子的健康成长都非常关注。能让孩子健康发育、成长这是每个父母的愿望，也是客户非常关心的事情。销售员就是用足够打动人心的客户利益说服了客户。

速战速决也是一种风格

有的销售员做销售干脆利索，没有过多的拐弯抹角，也没有过多的啰唆铺垫。我就是卖东西的，你需要就买；不需要就别耽误大家的时间。有的客户就喜欢这样的销售员，有什么说什么，爽快。如果你就属于这种速战速决的销售员，一定要在言语气势上压倒客户，而且条理要特别清晰，让客户无可辩驳，快速拿下客户。

总之，在电话销售中，客户能给销售员的时间都是有限的，销售员必须快速取得客户的信任，快速进入销售的重点，才能为销售成功赢得宝贵的时间。

6. 注意：完全照搬话术，你的销售只会是一次无聊的"骚扰电话"

仔细回想，我们会发现接到的推销电话有一个很有意思的现象：不管电话那头报的家门是哪家，说的话都差不多，像是约定好的一样。其实，这些电话销售都是有一定的话术的，更有甚者，公司会制订一套逻辑缜密的话术，让电话销售员照着念。

销售员按照眼前纸条上的台词来和客户通话，就像背课文一样，没有一点感情，客户除了认为这是一次地地道道的推销之外，完全听不出销售员还能给自己带来什么，最后在手机上给销售员的电话号码盖上"骚扰电话"的章。

这种情况太多了。我们饱含感情地打通客户的电话，客户都不一定买账，何况是这种冷冰冰的照搬话术的通话呢。

案 例

小韩是某金融机构的销售员。由于小韩刚入行，公司在对其进行培训之后给了小韩一个小册子，上面是电话销售的话术，主管交代他按照话术去说就可以。

这天，小韩拨通了一位客户的电话。

小韩："您好，我是××公司的销售员。"

客户并没有耐心："你什么事啊？理财啊？"

小韩："我们这有一款理财产品，年收益15%，请问您有兴趣吗？"

客户："没兴趣。"

小韩："那您了解理财吗？买过其他理财产品吗？"

| 销售就要会沟通

> 客户："没钱理财也不了解。"
> 小韩："我们这款产品比银行的理财产品收益更高，而且都是大项目，可靠。"
> 客户："我就是个月光族，没钱。"
> 小韩："您应该知道，理财要讲究时机的。现在机会来了，您还犹豫什么呢？"
> 客户立马挂了电话。

案例中，开始的时候，小韩与客户的对话还算正常，但是到了后面，好像就有点驴唇不对马嘴了。客户一再强调自己没钱理财，摆明了是对理财方案或者安全有所顾虑，但是小韩仍旧按照公司话术自顾自地跟客户对话，客户怎么可能觉得小韩是个专业的理财顾问呢。从客户的表现来看，一直保持着与小韩的通话而没有立即挂断，他是对理财有所需求的。但是到最后小韩这套话术和行为让客户忍无可忍，只好放弃了。

准备天衣无缝的销售话术对于销售员来说固然重要，但话术是死的，人是活的。针对不同的客户、不同的情况，销售员在电话销售中要用不同的话语来说服客户，这才是关键。一味地照搬话术只能伤了客户的心。

认真倾听，对症下药

在电话销售中，如果在开场客户没有拒绝你，那么恭喜你，你的销售成功大有希望。在接下来的通话中，销售员要认真听客户说的每一句话、每一个字，通过客户的语言和语气判断客户的心理，然后对症下药，让通话流畅而顺利地进行。

跟随客户的语言风格

每个人都有自己独特的风格，客户也是如此。可能客户说话比较幽默，销售员就要随着客户幽默；如果客户比较直爽，那销售员也就不必拐弯抹角，如果客户说话比较委婉，那销售员就要下点功夫把话说圆满了，别让自己的直言快语伤害客户。总之，话术不是绝对，销售员要随着客户的语言风格来。

灵活应变才是王道

即便销售员准备了各种话术来应对客户千奇百怪的情况，也不可能把销售实战中可能会出现的情况罗列完毕。众所周知，如今的客户，不按常理出牌那是常事。如果销售员只会用固定的话术来应对客户，那充其量销售员的来电也只能是一次"骚扰电话。"

面对客户的"千变万化"，销售员能够灵活应变才是王道。所以，别让拟定的话术限制了销售员的思路，销售员能在什么山上唱什么歌才最重要。

第十一章

拓展客户：如何说才能让客户络绎不绝

人生在世，聚散离合那是人之常事。生意场上也没有永久的客户，客户会因为各种原因离开你，而企业的生存也需要有新的客户加入进来。对于销售工作，拓展客户是非常重要的一个方面。从陌生到熟悉，从怀疑到认可，销售员要通过良好的口才吸引客户、留住客户，让自己身边的客户络绎不绝。

| 销售就要会沟通

1. 敢于开口告诉身边的人你在推销什么

在销售场上，没有谁就该是你的客户，也没有谁不能成为你的客户。有些销售员不敢对周围的亲朋好友说自己在做什么，可能是怕亲朋好友知道自己在做从事他们不认可的行业而看不起自己，把自己想象成打来"骚扰电话"的那个人。要自尊、好面子，都让自己无法坦然向周围的人开口说出自己的职业和销售的产品。

正像人们所说的，做保险的就是先要让自己的亲朋好友买一遍。这话看似是在嘲笑保险业务员不好干，净拿自己的亲朋好友开刀。实则这句话是有一定道理的。保险业务员首先要敢于向周围的人说自己在卖什么，这不仅是勇气和胆识，更是一种决心。

案 例

保险销售员下午回到小区，遇到了另一栋楼的一位阿姨。

销售员："刘姨好，您这是接孙子去呀？"

刘姨："可不，快放学了。您咋这么早回来了？"

销售员："我早点回来给楼上的侯大爷送保单去。他在我这买保险了。"

刘姨："他又买保险了？他不是有社保和养老保险吗？"

销售员："给他家宝贝孙子买的。我在××保险公司做销售，公司新推出了一款万能险，特别适合给孩子买。每天只要存10块钱就行啦，孩子的健康和教育费用都能得到保障。"

刘姨："这么好啊！"

销售员："咱们街坊邻居的，我肯定不会骗您。"

刘姨："那是，你可是我们这辈人眼里的好孩子。要不，你有空了也跟我讲讲这保险？"

> 销售员:"好啊,您今天晚上 8 点有空吗?"
> 刘姨:"行,我在家等你啊!"
> 销售员:"好好,您赶紧去接孙子吧。回头聊。"

这位销售员落落大方,很自然地告诉了邻居刘姨自己在卖保险,并且得到了侯大爷的认可。销售员的话语中没有半点羞怯和遮掩,这样他就把自己做保险销售的信息传递给了更多的人,也为自己赢得更多的成交机会。

自信地告诉亲友你在卖什么

销售员之所以不敢告诉身边的人自己在卖什么,在很大程度上是因为缺乏自信,说起话来没底气,怕身边的人看不起自己。如果你对自己、对产品、对销售这个行业充满信心,就完全不会在意他人的眼光和评价,而是让更多的人知道自己的职业和产品,你就可以自信地告诉周围的人你在卖什么。

用热情感染周围的人

无论哪个行业的销售员,但凡有所成绩的,他们都有一个共同点:随时随地都保持着满腔热情。在他们身上看不到消极和颓废的样子。销售员与身边的人相处,就要保持足够的热情,用热情感染他们,用热情表明你的信心和决心,用热情让身边的人看到你的产品和你的价值。

设身处地为身边的人着想

任何人购买产品都是希望产品能对自己的工作和生活有所改善和帮助,谁都不会花钱去买一件废品。销售员面对身边的人,就要设身处地地为他们着想,让他们知道你是在真心帮助他们,他们就会认可你的为人、工作和产品。

自信地把你的工作、你的产品告诉身边的人,并真诚地为他们服务,他们不仅会成为你的客户,也会成为你的品牌的传播者,帮助你打开销售局面。

| 销售就要会沟通

2.陌生拜访，话说对了闭门羹就少了

销售员从事销售工作，难免会对潜在客户进行陌生拜访。而且销售员只有学会陌生拜访的技巧，才能让自己拥有源源不断的客户。

陌生拜访可谓是千难万难。试想，两个素未谋面的陌生人，并且其中一个带着一定的目的去拜访另外一个，没有预约，而另外那个人毫不知情。销售员就这么突然地敲响了客户的大门。客户面对这样一个陌生人，多半会感到害怕，他们就会紧闭大门，把陌生人挡在门外。销售员在进行陌生拜访时，几乎都会吃到客户的"闭门羹"。可是，怎样减少这种情况的发生呢？说对话就是其中的关键。

在面对客户的拒绝的时候，销售员不能心灰意冷。而是要尽快调整状态，换种方式展开攻势。销售员要注意吸取教训，转换说话的方式，话说对了，吃得闭门羹就少了。

案 例

周楠是某教育机构的销售员。为了挖掘更多的客户，他来到某商业区域进行大规模的陌生拜访。他看了某大厦的水牌上潜在客户还真不少，于是决定一家一家拜访。

周楠首先敲开了一家图书公司的门，接待他的是前台员工，还好前台员工把周楠带到了周总的办公室。

周总看见有陌生人进门，于是问："您是哪个单位的？找我有什么事儿？"

周楠："您好周总，我叫周楠，说起来我们还是本家呢。我是××教育公司的。"

周总一听，自己不曾与××公司有过业务往来，就断定周楠是来推销的，于是冲着周楠身后的前台人员吼起来："你这工作怎么做的。

第十一章 | 拓展客户：如何说才能让客户络绎不绝

不是跟你说不要放推销的进来吗？"

  周楠被赶出去了。可是他并没有立即离开，而是在门口调整情绪，转换思路。再次进入这家公司，周楠直接进入了周总的办公室。周总看见周楠又来了，他又吃惊又气愤地说："怎么又是你！你怎么又来了？"

  周楠："周总，您别生气。我这次来只想请教您一个问题。"

  周总："你要问什么？"

  周楠："您喜欢被拒绝就果断放弃的销售员吗？如果您的销售员遇到刚刚那样的情况就一去不复返，您还会雇佣他吗？"

  周总一下被逗乐了："哈哈，当然不会。你这小伙子有两下子。"

  周楠："所以嘛，我又回来了。"

  周总："你还真是一个有意思的销售员。说说吧，你向我推销什么来了？"

  周楠开始了他的销售之旅。

  案例中，周楠很巧妙地打破了闭门羹的僵局，得到了周总的赏识。这是为什么呢？因为周楠说对了话，让周总无以辩驳，周总没有理由拒绝他了。周楠就是用巧妙的话语让周总接受了陌生拜访、上门推销这件事。

  销售员在陌生拜访的时候，大可不必直来直去，不能见人就说推销的事。销售员可以先绕个弯，找一个让客户无法拒绝的理由，这样就不会被拒之门外了。

不讲销售，讲原则

  上面案例中的周楠再次走进周总的办公室，他没有直接与周总谈论销售与产品，而是谈论起来怎样的销售员才是一名合格的销售员。他通过一个问题，让周总从老板的角度无从拒绝周楠这样一位执着、敬业的销售员。

捡客户的软肋去说

  在陌生拜访的时候，销售员不妨先做一点功课，提前了解一下目标客户公司或者家庭存在哪些棘手的问题，这必定是客户感兴趣的话题。在正式拜访的时候，就可以在这些问题上做文章，如果您对客户说你今天是来帮他解决某些问题的，客户一定愿意听你说一说。

换位思考，俘获客户的心

销售员要懂得换位思考。客户见到陌生人向自己推销东西肯定不会轻易接受。销售员一再吃客户的闭门羹也不要气馁，找一个合适的时机，与客户真心交流。客户终将被你的真诚感动，进而给双方一次机会。

总之，销售员去陌拜客户，千万不能太直接、太唐突，找个让客户无法拒绝的理由，多为客户考虑，客户终将被销售员的真诚感动。

3. 巧妙搭讪，陌生人也不再陌生

无论是工作中还是生活中，我们要想与陌生人建立关系，首先就要与对方搭上话，也就是必须经历一个搭讪的过程。而在销售行业，对于销售员来说，顺利与目标客户搭讪就是一项基本功，也是销售员拓展客户的重要手段。也许，不经意的一次搭讪，对方就会变成销售员忠实的客户。

大千世界，陌生人随处可见，也就意味着到处都是潜在客户。销售员与陌生人的搭讪虽然是刻意为之，需要销售员主动出击，但是一定要真诚自然，而且销售员要善于审时度势，努力创造搭讪的机会。机会来了，还要看销售员怎么说，销售员懂得巧妙搭讪的技巧，陌生人也就不再陌生。

充分利用共同的人际关系

有些人，我们虽然互不认识，互相之间也没交流，却时不时会见面。比如你的孩子和他的孩子是同班同学，你们经常在接孩子的时候见面；再比如，你爱人和他的一个亲戚在同一个单位工作，你们已经从同事关系的亲友身上知道了对方。这样的情况会有很多。销售员完全可以利用这种间接的微妙关系和对方搭讪。因为这层中间关系的存在，这样的搭讪会显得很自然，双方也很容易找到共同话题。

第十一章 | 拓展客户：如何说才能让客户络绎不绝

> **案 例**
>
> 销售员："您也来接孩子呀？您是哪位同学的家长呢？"
>
> 客户："我家宝贝是×××。"
>
> 销售员："哦，×××呀，我家孩子是××，她俩经常一起玩，我家孩子老说他的好朋友×××呢。"
>
> 客户："是吧，我们孩子也老提起你家孩子呢，这回咱算是认识了。"
>
> 销售员："嗯，我家就在旁边的××小区，有时间带孩子来我家玩吧，省得她俩天天微信了，哈哈。"
>
> 客户："好的好的，这是我电话，咱们多多联系。"

销售员通过孩子之间的亲密关系结识了这位陌生人，很自然地留下了对方的电话。这就是成功的搭讪方式。

主动帮助对方

现实中，我们经过一些人身边的时候，经常见到他们需要帮助的情形。这都是与他们搭讪的好机会。看到这样的情景，销售员不妨停下脚步帮他们一把，对方一定会礼貌地道谢。因为你的真诚帮助，对方会对销售员产生信赖，销售员可以借着这份好感开始和对方搭讪。

> **案 例**
>
> 一个人刚从超市购物出来，但购物袋开线了，物品都掉在了地上。销售员看见了赶紧走过去，帮对方捡起来放到购物车内。对方客气地向销售员表示感谢。
>
> 销售员："阿姨，自己出来逛超市怎么买这么多东西呢？一个人提着也挺累的。"
>
> 客户："嗨，孩子们都去上班了，起早贪黑都很辛苦，我能帮他

| 销售就要会沟通

> 们干点就帮他们干点。"
>
> 　　销售员："您这孩子们真有福气。我是旁边电器城的，现在店里有活动，进店都能领份礼物。您要不着急回家就过去看看，我顺便帮您找个结实的袋子装东西吧。"
>
> 　　客户："不用我花钱吧？"
>
> 　　销售员："不用您花一分钱，领礼物的时候您签个名就行啦。"
>
> 　　客户跟销售员去了电器城。

　　这位销售员通过帮助客户，与客户建立了初步信任。销售员承诺不用客户花钱就能领礼品，关键是还能给客户找个结实的袋子打包回家，这么好的事情客户肯定不会拒绝了。

让对方先帮自己解决一个问题

　　面对陌生人，人们的防备心理都很强。你主动帮助陌生人可能会被对方认为有所企图，但若是你请求对方的一个小帮助，也许他就不会再严防死守了。销售员与陌生人搭讪，不妨自己扮成一个弱者，向对方请求帮助，等对方慢慢撤掉防线的时候，再多和对方聊几句，从而消除双方之间的陌生感。

注重建立信任关系而不是着急销售

　　销售不是一蹴而就的事情，与陌生人搭讪更要讲究循序渐进。拓展客户的目的首先是与对方建立信任关系，而不是着急把产品销售出去。只有先让陌生人变得不再陌生，才有可能让其成为销售员的客户，才有可能实现成交。

　　销售员在拓展客户的过程中，与陌生人搭讪是非常关键的一步。学会搭讪的技巧，客户才会源源不断。

4. 预约拜访，充分征求客户的意见

　　销售员想要去拜访客户，最好先与客户预约时间。销售员预约客户的方

式可以是电话预约、邮件预约或利用其他通信工具预约。无论以何种方式预约客户，销售员都是来征求客户意见的。预约拜访不仅显得销售员对客户礼貌而尊重，而且充分尊重客户的时间，能让双方都充分利用时间，更显得销售员的严谨和专业。

销售员预约客户，也要掌握一定的技巧，这样才能更容易地约到客户。

预约前做足准备

销售员在预约客户前要对客户的近况有所了解，这样才能有的放矢，不至于出现疏漏，在客户面前闹出笑话。销售员在预约客户前需要了解客户的工作进展情况以及近期的主要活动，如果有可能尽量了解客户近期的时间安排。

问候不可少

销售员在预约客户时，要礼貌地问候客户，给客户留下一个好印象，这样有助于成功地约到客户。问候客户的时候不可以太随意，要注意人际交往中的礼貌礼节，让客户感到舒适自然即可。

引起客户的兴趣

销售员约见客户自然是要和客户谈销售的事情，目的是尽快达成成交。因此，销售员的话语一定要引起客户的兴趣。如果销售员不能引起客户的兴趣，客户也就不会同意与销售员见面了。只有客户有兴趣进一步了解，他才会愿意进一步与销售员接触。

案 例

销售员："您好张总，我是××公司的销售员。想和您约个时间见面聊聊代理的事。"

客户："哦，最近我好忙呀，再约吧。"

销售员："我们公司在本市其他几个区的市场可是火得很呢，您肯定也有所了解。现在想在咱这个区找代理商，好机会不等人呐。"

销售就要会沟通

> 客户:"这样啊,那我这两天挤出点时间来。您什么时间方便呢?"
> 销售员:"那您看明天下午三点怎样?"
> 客户:"好,那我把会议取消。您明天下午三点来办公室找我吧。"

案例中,销售员及时用好机会不等人的话语引起了客户的兴趣,客户自然不愿意放弃好机会,于是爽快答应了销售员的约见。

主动让客户安排时间

为了充分尊重客户,销售员可以主动让客户安排见面的时间和地点,以示充分为客户着想。如果客户表示近期没有时间,那销售员可以提出一个建议的时间和地点,然后征求客户的同意。

确认约见的时间、地点

在交谈快要结束的时候,销售员一定要再次重复约见的时间和地点,与客户确认达成一致。一来是再次提醒客户约见的时间、地点,二来显得销售员严谨、专业。

案 例

> 销售员:"您好,请问刘经理在吗?"
> 客户:"我就是,您哪位?"
> 销售员:"上午好刘经理,我是××公司的销售员赵辉,主要销售办公设备。您明天上午有时间吗?我想来拜访您。"
> 客户:"明天我有一天的会议。"
> 销售员:"那您什么时间方便呢?我来安排。"
> 客户:"那您就后天上午10点吧,我办公室。"
> 销售员:"好的,那咱后天上午10点见。您先忙,我就不打扰了,见面聊。"
> 客户:"好的,再见。"

案例中，销售员预约客户的过程并不复杂，简单自然的问候且充分尊重客户，就轻松约到了客户。可见预约拜访客户的时候，礼貌、尊重、简单直爽也是非常重要的。预约客户的目的是就约见的时间和地点与客户达成一致，不需要过多陈述产品和合作的细节，简单明了让客户接受就好。

5. 注意：不要张口就推销你的产品

拓展客户的过程并不等于推销产品和成交的过程，如果销售员在拓展客户的时候张口就是推销，想必客户都会被你吓跑。拓展客户就是拉拢关系、建立联系和感情的环节，把这一环节做好了，后面再顺势推销就是水到渠成的事情。

案 例

小顺是某教育机构的课程顾问。为了获得更多的客户，他和几名同事决定去扫街宣传找客户。他们分工合作，各自负责一片区域。

小顺来到某学校门口，这所学校正好是他家孩子所在的学校。于是他一边等在校门外，假装接孩子，一边与周围的家长们聊起来。

小顺："您也来接孩子呀？咱们是不是来得太早了？"

客户："是呀，今天是有点早。你家孩子几年级了？"

小顺："三年级5班呢。"

客户："真巧，我们的也是三年级，但是在6班。"

小顺："6班可是好班呢，听说6班的成绩是最好的。"

客户："那倒是，6班的老师确实有能耐。"

小顺："改天有时间我们得跟您家孩子取取经去，您不会介意吧？"

客户："不介意，孩子们就应该多走动走动，多交朋友。"

小顺："您方便给我留个电话吗？咱们可以多交流孩子的问题。"

客户："好的，加我微信吧，来，扫一下。"

| 销售就要会沟通

> 小顺的进展非常顺利，等待孩子放学的工夫他已经找到了五六个家长的电话。其他同事也收获颇丰，可同事小金就没那么幸运了，她一个电话也没要到，很多陌生人见她拿着宣传单不停地发，都躲着她。
>
> 原来小金是个直性子的人，拓展客户不是想办法先和客户搭讪，要到对方的联系方式。她是在拿着宣传单一边发传单，一边跟对方说："您好，看一下我们的暑假课程，有需要的请联系。"有的人接过她的宣传单就走开了，有的人甚至连宣传单都不接就走了。小金感到很尴尬，宣传单倒是快发完了，但没有一个人留下来问问详细情况。她灰溜溜地收工了。

案例中小顺和同事们很明白，出来扫街就是拓展客户的，不能急于推销和成交。于是小顺和同事们都是以要到客户的联系方式为主。而小金刚好相反，她觉得单子一发，客户感兴趣自然会留下来咨询，然后直接把课程推荐给客户就可以了。显然，小金的想法是不妥的，第一次接触，而且是在户外这么不正式的场合，客户不会轻易做出购买决定。这种时候，互相认识，建立基本的感情基础，找到对方的联系方式才是最重要的。

拓展客户的时候，销售员不要急于求成。张口就向陌生人推销产品，对方凭什么信任你。拓展客户做好基础的感情工作就可以了，剩下的销售过程一步步来才好。

第十二章

精彩开场：激发客户的兴趣

作为销售员，开口说话是一场销售活动的必需环节。这个开场非常重要，决定了客户是否会继续听销售员说下去，后面的推销过程是否会顺利等。开场的方式有很多：设置悬念、热情寒暄、真诚赞美、随机幽默、创意十足，都会吸引客户的注意力。掌握精彩开场的技巧，销售员才能抓住客户的心，让销售顺利进行，直至成交。

| 销售就要会沟通

1. 寒暄开场，用温情打动客户

寒暄之辞在人际交往中非常常见。销售员在接触客户时，寒暄一番也会有意想不到的效果。寒暄之语除了显得销售员对客户礼貌和尊重，话语中的温情也会打动客户。

我们来看下面两个销售员的开场。

> **案 例**
>
> 销售员A："您好，您这是遛弯呢？今天天气不错。"
> 客户："您好，您谁呀？"
> 销售员A："我是马路对面××装饰公司的小廖，也住这小区呢。"
> 客户："那您住哪栋楼啊？"
> 销售员A："12号楼1单元601。您家房子装修了吗？"
> 客户："没呢，正打算装呢。"
> 销售员A："装修不能着急，得多看看人家怎么装的。要不您有时间了去我家看看去？"
> 客户："行啊，刚好这会有时间，您方便吗？"
> 销售员A："方便方便，走吧。"
> 销售员B看到正在小区遛达的一位陌生人，于是走上前去说："您好，您家房子装修了吗？我们免费量房、设计。"说着递上一张名片。
> 客户："还没呢，暂时不考虑。"说完，径直走开了。

案例中，销售员A成功地把客户带到了自己家看房，而销售员B的客户只说了一句话就走了。其中的玄妙之处就在于销售员A懂得隐藏销售目的，先与客户寒暄开场，博得客户的好感之后再慢慢进入销售正题。而销售员B上来就是冷冰冰的推销，怎能俘获客户的心。

开场之初，销售员的一番寒暄的确可以缓解紧张气氛，拉近与客气的关系。常见的寒暄方式有热情问候、借景发挥、攀附关系等。

热情问候

销售员在见到客户的时候开场要问候客户，比如"早上好""您好"等礼貌问候语。热情的问候能够打破初见的冷漠，而且显得亲切自然。

借景发挥

销售员与客户见面就开门见山地谈销售，客户的确不好接受。销售的开场不能太直接，那就借周围的环境发挥自己的好口才。比如在客户办公室就夸赞其办公室整洁利索，装修大气；如果在公园可以讨论一下天气；讨论一下报纸的头版头条等。销售员要通过双方所处的环境来找到开场的话题。

攀附关系

都说熟人之间好办事，如果销售员和客户之间能搭上一点关系，那就能很快熟悉起来。比如"听你口音好像是南方人，我也南方人，福建的""听说你弟弟也在××单位工作，我老公也在那工作""听说您是××大学毕业的，我是××大学2008届××系的。"在客户身上找到双方的共同点，攀上一点关系，就不会觉得特别陌生了。

销售中，销售员与客户寒暄开场非常常见。客套话有时候也会起到一定的作用，虽然客户也知道这只是客套，但它华丽的外表依然可以温暖人心。寒暄开场虽然不是多么巧妙的方式，但至少可以拉近销售员与客户的距离。

2. 抛出悬念，引爆客户的好奇心

人人都会有好奇心，好奇心也是人们坚持做一件事情去探究答案的动力。销售员在开场的时候，如果能向客户抛出悬念，引爆客户的好奇心，客户就会被自己的好奇心引导到销售中来。那么，怎样才能引爆客户的好奇心呢？

您知道××用什么产品吗

人都有一定的从众心理，客户也不例外。销售员见到客户热情打招呼之后，就可以抛出悬念："嗨，王姐，您知道您楼上周姐的皮肤为什么那么好吗？""您知道她用的什么产品吗？"客户听到这样的问题，一定充满好奇，想赶快知道答案，甚至可能去追问销售员。

猜猜看，我包里是什么好东西

销售员带着样品去见客户，见面寒暄之后就要尽快回到正题了。接着可以跟客户说"韩经理，猜猜我包里是什么好东西？我今天可是带着宝贝来的。"这样一说，客户肯定想知道销售员到底带来了什么，表现出足够的好奇心。接下来销售员的工作就容易多了，满足客户的好奇心即可。

您猜猜这个世界上什么最勤劳

销售员见到客户，可以先来个引起客户好奇心的小幽默："宁小姐，我又来了，但是我可不是这个世界上最勤劳的人，您猜这个世界上最勤劳的人是谁？"客户没有答案。"世界上最勤劳的是漂亮的女人，哈哈。都说没有丑女人，只有懒女人，所以漂亮的女人都很勤劳。"如果销售员给出的答案再与推销这件事或产品产生联系，那就能轻松过渡到销售正题上。

我今天就是要把您的经营成本降低 20%

销售员开场可以抛给客户一个带有惊喜的悬念："高先生，我今天是来帮您分忧的，我要把您的经营成本降低 20%。"这么大的惊喜，客户当然会对销售员的方案充满好奇。给客户带来惊喜和诱惑，也不失为一种巧妙的开场方式。

第十二章 | 精彩开场：激发客户的兴趣

案　例

> 　　肖和是某玻璃公司的销售员。有一天他带了样品去拜访潜在客户彭经理。一进彭经理办公室的门，肖和就笑呵呵地问候彭经理："彭经理您好啊，很高兴见到您。"
> 　　彭经理："您好，请坐请坐。"
> 　　肖和摆摆手说："不不不，我今天要先跟您比比力气。"
> 　　彭经理："哦？这个有意思，怎么比？我可是经常参加健身锻炼的呀。"
> 　　肖和从包里掏出一把尖锤和一块玻璃样品放在地上，说："咱俩就用锤子敲玻璃，谁能把玻璃敲烂谁就赢了。怎么样？您先来？"
> 　　彭经理："哈哈，好，不客气了，我先来。"说完，彭经理举起锤子敲了下去。玻璃纹丝不动躺在地上，没有一点伤痕。彭经理又把玻璃立着固定起来，又是一锤子下去，玻璃还是完好如初。
> 　　这时候彭经理开口了："这是什么玻璃啊，硬度和韧性这么好？"
> 　　肖和："这是我们厂的新品，正适合您的库房使用。"
> 　　彭经理围着玻璃转了两圈，又拿着锤子使劲敲了两下，玻璃还是没有碎，他开心地笑了，说："行，肖和，我输啦，说说价格吧。"

　　案例中，肖和一见到彭经理就说要和彭经理比力气，肖和这葫芦里卖得是什么药呢？彭经理很想知道，于是遵从肖和的规则进行了比试。原来肖和是想通过这种方式引起彭经理的好奇心，并让彭经理亲自验证玻璃的优良性能。这样一来彭经理就对玻璃的品质无话可说了。肖和这一开场，就给彭经理抛下了悬念，引起了客户的好奇心，完胜了这场营销战。

　　在销售中，开场能够给客户留下悬念，引起客户的好奇和注意，销售就能顺利进行下去。

3. 拉家常，让客户快速入境

生活就是这样，柴米油盐、家长里短的话题总是让人们百说不厌。不分时间、不分场合，即便是公交、地铁上两个挨在一起坐的人也能拉家常聊得不亦乐乎。这可是非常强势的话题，销售员完全可以跟客户拉拉家常，让客户尽快进入销售情境。

家长里短的话题非常多，天气、生活计划、热点事件、孩子、家庭等。可以拿来拉家常的话题随处可见，信手拈来，只要销售员有一双善于发现的眼睛和好的口才。

案 例

黄亮是某汽车品牌的销售员，他得知某公司要置办三辆商务用车之后，与公司老板吴兴有过两次电话接触，这次他决定去拜会吴老板。

黄亮走进了吴老板的办公室，与吴老板寒暄握手，然后开口说道："吴总好，您这办公室可真是干净整洁啊，我一进来就感觉很清爽，想必您肯定是一位干练豪爽之人。"

吴总："哈哈，您过奖啦，我只是很反感乱七八糟的环境。"

这个时候，吴总办公桌上的电话响了，吴总说句抱歉然后接起了电话。黄亮听着吴总在电话里说必须去某个知名餐厅。等吴总挂断电话，黄亮说："吴总，您也喜欢××餐厅啊？"

吴总："是啊，那里的川菜非常地道，我很喜欢。"

黄亮："早知道咱们约在那里见，我也是那里的忠实顾客呢，那下次我们在××餐厅签合同。"

吴总："哈哈，先看看您的车子咱们再约。"

黄亮从包里拿出商务车资料，然后与吴总谈论起商务车的性能。快到中午的时候，黄亮故意说："吴总您看，咱俩看了这么久了，也快到饭点儿了。我觉得光这么看也没用，不如找个时间去体验一把，试驾试乘一下才有感觉嘛。"

吴总："好呀，可是我最近比较忙，去试驾总要半天的时间吧。"

黄亮："吴总，我今天还真是想吃××餐厅的饭菜了，地道。不如今天咱俩就用两个小时的时间先去过过嘴瘾，然后我再开车把您送回来。"

吴总："这多不好意思。"

黄亮："没关系，我自己也要吃饭呀，而且跟您这样的大人物一起吃饭，我有面儿。"

没想到，黄亮开来的车正是给吴总推荐的商务车，一路上吴总感受了非常好的试乘试驾体验，两人家长里短一路说笑着，很是开心。回到吴总公司的时候，吴总说："小黄，你上来，咱俩顺便把合同签了吧。"

案例中，黄亮一见到吴总就与他拉开了家常，赞美了吴总办公室的整洁，又聊到了美食，并通过这样拉家常成功完成了销售。黄亮的转折很巧妙，约在××餐厅签单，直接把话题从拉家常转到了销售上，而且直指签单环节，让客户进入了情境。

在销售过程中，拉家常可以让客户暂时忘却销售话题，感觉销售员就是一个亲切地与自己聊天的朋友一样。有了这样的感情基础，销售员就可以巧妙地把话题转移到销售上，客户也就没那么反感了。

4. 随机幽默，客户愿意跟着你的思路走

幽默非常适合用在销售活动的开场，一个幽默的小故事打破销售开场的沉默，让客户开心一笑，从而让客户掉进幽默的"圈套"，愿意跟着销售员的思路继续往下走。

销售员用幽默开场，成功吸引了客户的注意力，客户就能将注意力集中

| 销售就要会沟通

到你身上，你说什么他们都会跟着听，从而创造良好的销售氛围。

案 例

> 石林是某理财公司的销售员。有一次，他到郊区去给一位客户送合同。天公不作美，下起了瓢泼大雨，安全起见，他决定先找个旅馆住下，然后天气好些再继续前进。他按照导航在附近找到了一家叫"泰远"的宾馆，住了下来。
>
> 大雨一直在下，销售员决定第二天再上路。他看到老板的房间一直亮着灯，于是决定借这个机会去找老板做一下推销，也算没白来。
>
> 敲开旅馆老板的门，石林微笑着对老板说："您好，泰远老板。我是您泰远旅馆的客人。"
>
> 老板："您好，欢迎入住我的旅馆。找我有什么事？是我们的服务哪里不到位吗？"
>
> 石林："我今天本来是去给××地方的客户送理财合同的。千里迢迢来到了泰远旅馆，有幸住上一晚，我决定向您推荐一个钱生钱的办法。"
>
> 老板："你看我是缺钱的人吗？以后再说吧，我还忙着呢。"
>
> 石林："您这旅馆太远啦，我来一趟很不容易，还有多少以后呢。我能住到泰远旅馆，现在距离您又太近，肯定要抓住机会的。"
>
> 老板笑道："哈哈，我这泰远旅馆倒还成了你幽默的资本了，能哄我乐上一乐也不错了。行，说说你那钱生钱的办法吧。"

案例中，石林巧借旅馆的名字与旅馆老板幽默地开了个玩笑，但是得到了老板的欣赏，并且愿意跟着石林的销售思路来了解一下他的产品。这就是一个成功的开场。

销售员的开场幽默可以用在自我介绍中，可以用在寒暄的话语中，但目的终究是给客户留下一个深刻的印象，得到客户的认可。但是要注意开场的幽默要讲究分寸和适度，不要让幽默成了冷笑话，反而不利于开场的良好气氛。

5. 好问题，引发客户的思考和参与

在销售中，有时候销售员开场的一个问题就能让客户乖乖就范。关键就在于销售员提出的这个问题必须是客户关心的问题，销售员的问题问到了点子上，客户希望从销售员这里得到答案。在销售员提出客户关心的问题之后，客户就会跟随销售员的话题进行思考，并参与到销售过程中寻找答案。

案 例

欧阳雷是某人力资源培训机构的课程销售员。有一天，他了解到某公司本年度在行业内的销售业绩非常不乐观，于是觉察到了销售机遇。他决定去拜访该公司老总贾总。

来到贾总的办公室，欧阳雷做了简短的自我介绍，之后跟贾总说："贾总，您楼下的××公司今年业绩是高速上升。但他们从事的行业今年可是整体非常低迷呀。您知道楼下公司为什么能在这样的形势下逆势增长吗？"

贾总："我也正纳闷呢，您知道内幕？"

欧阳雷拿出一份资料："您看，这是楼下公司这两年的人均业绩对比。可能不是完全准确，但这些数字是可以说明问题的。"

贾总一看欧阳雷的资料，吃了一惊：人均业绩年增长率高达50%！贾总问："你了解其中的玄机吗？"

欧阳雷自信地说："楼下公司采取了什么措施我不清楚，但是这些数字不难看出，他们的员工有干劲儿，主观能动性强。"

贾总："是啊，相比之下，我们的员工看起来完全没有激情。"

欧阳雷："这就是问题的关键啊。员工需要激励！激发他们内心的动力才行。"

| 销售就要会沟通

> 贾总："说起来容易，这哪是一朝一夕的事情。"
> 欧阳雷："我这有一套方案，保证让您的业绩每个月都有增长。"
> 贾总："赶快说来听听。"

案例中，欧阳雷一开始就提出了贾总正在头疼的问题：业绩下滑，员工没干劲，这一下子就说到了贾总的心里，贾总当然有兴趣继续去听欧阳雷的解决方案。如果欧阳雷提出的是不痛不痒的问题，那贾总也就没那么大的兴趣了。

人人都希望自己的问题得到解决，也希望有人提出更好的解决办法。销售员要想抓住客户的心，就要善于发现客户迫切需要解决的问题。把这样的问题抛在客户面前才能引起客户的注意，并让客户跟随销售员的思路去思考，去参与。

6. 说得有创意，客户印象更深刻

如今是一个信息泛滥的时代，在众多同质化事物的冲击下，客户对于销售员的言辞要求更高了。千篇一律的话语听多了，客户也会产生麻木和厌倦的感觉。客户需要新鲜的、创意十足的销售说辞。因此，销售员如果在开场能给出一个富有创意的点子，客户的兴致一定会提高，这次销售活动也会给客户留下深刻的印象。

富有创意的开场方式有很多，比如可以准备一份小礼物，带给客户惊喜；讲一个与销售或产品有关的小故事；设置不同的产品展示方式开场；用一鸣惊人的话语开场等。

下面这位销售员的开场方式就魅力十足。

案 例

> 高峰是一位寿险销售员。这一天，他去拜访一位准客户。客户见了高峰并不高兴，沉着脸说："你又来做什么？"

第十二章 | 精彩开场：激发客户的兴趣

> 高峰说："我今天是来卖木头的。"
>
> 客户："呵呵。"
>
> 高峰："我有五公斤的软木，你愿意花多少钱呢？"
>
> 客户："开什么玩笑，我买那干啥。"
>
> 高峰："假如你现在正身处一艘下沉的船上，这些软木可以救你的命。你出多少钱买？"
>
> 客户："看清楚，我好好地站在这里，没在什么船上。"
>
> 高峰："您的健康这艘大船正在下沉。不信你回想一下，前年的你意气风发，经常熬夜加班；去年的你开始腰酸背痛，不敢轻易熬夜了；而今年的你，因为严重的颈椎问题和偏头痛，已经去过八次医院了。我说的有错吗？"
>
> 客户想了一下，没有反驳高峰的话。
>
> 高峰又接着说："我可以毫不客气地告诉你，你再这样继续下去，明年的你怕是很难再上班了。你将会出现更严重的身体状况，你将承受更多的疾病带来的痛苦，你会慢慢丧失工作能力，你的家人怎么办？靠什么生活？"
>
> 客户："没这么严重吧？"
>
> 高峰："先生，我真的不愿意和你打这个赌，我唯一能做的就是将软木卖给您，为您和您的家人带来保障。"
>
> 客户："好吧，说说你的保险有哪些优势？"

案例中，高峰没有一句对客户的赞美和奉承，反而是毫不客气地指出了客户每况愈下的健康状况，说明了形势的严峻性和保险的重要性，于是客户改变了态度，接受了高峰的建议。高峰的开场可谓创意十足，不走寻常路，偏偏捡客户不爱听的去说。

销售中，销售员要想创造足够的吸引力，就要设计有创意的开场，先给客户留下深刻的印象，再进一步展开推销工作。客户对于富有创意的销售员和产品是不会拒绝的。

7. 注意：开场点燃客户的兴趣是关键

销售员展开销售的开场形式有千千万万，但绝对不能脱离销售的主题，而且要让客户产生兴趣。客户对销售员和产品没有丝毫的兴趣，销售员费劲所有的心思，客户也不会买账的。因此，销售员的开场能够点燃客户的兴趣才是关键。

案 例

有一位中老年保健品销售员，从事某产品的销售业务已经有一年多了，可是业绩始终没有起色。他不甘心，这天又来到一个小区寻找客户。他看到一群老年人在小区的广场上活动，于是走了过去，和这群人聊了起来。

销售员："叔叔阿姨们，你们好啊。"

大家都没有反应。

销售员："别误会，我今天就是来给大家逗乐的。"说着做了个鬼脸。

客户："你还有这闲工夫？"

销售员："有，你们开心就是我最大的荣耀。我给大家表演一段杂技吧。"说完，销售员就借助小区的健身设备要开了把式，逗得在场的人一阵大笑。

销售员："我还会讲笑话呢。话说三百年前，有一个大官整天睡不着觉，看了很多医生都没办法。结果有一天，他遇到了××商行我们的销售员，这可是我们公司的祖师爷哈，吃了一颗宁心丸，他便大睡了三天三夜，从此之后他就再也不失眠了，哈哈哈。"

客户："小伙子，这是你自己编的吧？"

客户："现在做销售的人啊，为了卖东西真是什么办法都用上了。"

客户："大家散了吧散了吧。"

第十二章 | 精彩开场：激发客户的兴趣

案例中，销售员开场的一段杂耍虽然逗得大家乐呵呵的，但是与销售毫无关系。为了维持这种欢乐的气氛，销售员只好再讲一个笑话，可是这个笑话让客户一听就知道是为了卖东西而编的。这位销售员一开始就没能用与销售有关的话题吸引客户，他的失败是个必然。

销售员千万要注意，开场方式新颖独特很重要，但仍旧要以产品和销售为中心，要能够引起客户的兴趣，否则客户也不会买账。

第十三章

产品介绍：用专业创建信任

产品介绍的环节是整场销售中的重中之重。因为销售员对产品的介绍会直接影响客户对产品性能的判断以及是否购买。销售员在介绍产品时应该本着专业、严谨的原则。只有销售员在介绍产品时表现得足够专业，才能取得客户的信任。

| 销售就要会沟通

1. 专家一样渊博的知识，客户易懂的通俗语言

在销售的过程中，产品介绍是必不可少的环节。通过产品介绍，客户能更清楚地了解产品的性能和优势，并且也能在销售员的帮助下更好地了解产品的使用。这是整场销售的重中之重。如果销售员在产品介绍环节的表现不够专业，或者太过专业而超出了客户的认知范围，客户听不懂销售员在说什么，产品介绍都不算成功。

成功的产品介绍应符合两个标准：一是专业严谨，二是通俗易懂。

专业严谨

专业严谨就是说销售员要具备专业的产品知识和严谨的介绍话语。销售员必须像个专家一样有渊博的知识，必须对自己的产品和竞争对手的产品了如指掌，能够解答客户提出的有关问题，并且本着严谨的态度不出现任何纰漏，能够靠自己良好的口才做好产品介绍，让客户跃跃欲试，让客户无可挑剔。

通俗易懂

要想让客户对产品产生浓厚的兴趣，销售员在进行产品介绍时的语言必须贴近客户，使用通俗易懂的客户能够理解的语言，这样才容易让客户与销售员及产品产生共鸣，从而获得客户的认同。

案 例

冬冬是某药店的销售员。这一天，店里匆匆忙忙来了一位客人，要买创可贴。冬冬了解了客户的需求之后，很快就完成了交易。就在客户要出门之际，冬冬突然叫住客户："您好，请等一下。"

客户回过头来："怎么了？"

· 158 ·

第十三章 | 产品介绍：用专业创建信任

> 冬冬："看你这么急急忙忙的，这创可贴您是给什么人用啊？"
>
> 客户："我儿子刚刚在公园玩，不小心腿上刮了个口子。"
>
> 冬冬："伤口深吗？"
>
> 客户："看着有点深，流血了，一直在哭。"
>
> 冬冬："我不建议给他用创可贴，伤口深的话要去医院清理伤口、包扎，以免伤口内进入细菌而感染。创可贴只能对小创面进行止血，没有消毒消炎作用。"
>
> 客户："意思就是他这种伤口不能用创可贴？"
>
> 冬冬："对，建议您赶紧带他去医院处理一下。"
>
> 客户："好的，太感谢您了。您非常专业。"
>
> 冬冬："应该的，快去吧。"
>
> 说完，客户飞跑出门了。

案例中，冬冬仔细观察了客户的神情，发现了问题，及时提醒了客户。可以说，这包创可贴冬冬卖得很专业，不仅与客户达成了交易，而且还让客户具体了解了创可贴的作用。客户可谓心服口服，并且对冬冬充满信任和感激。

销售员在向客户介绍产品时就要追求专业严谨，从而取得客户的信任。若销售员在专业与严谨之中，能够用通俗的语言让客户听得懂、愿意听，与客户打成一片，那成交就势在必行。

2. 抓住客户核心需求，着重介绍

任何一件产品都有自身的优点和缺点，而客户最为关心的产品性能和优势也许就只有核心的一两点，并不会面面俱到。销售员在向客户介绍产品时，必须抓住客户的核心需求，有针对性地对产品优势进行着重介绍，通过反复强调让客户清楚知道这个产品能满足自己的需求，客户就会接受产品。

| 销售就要会沟通

案 例

丽丽是某婴幼儿用品店的销售员。一次，一位宝妈来到店里，径直走到了婴儿车售货区。丽丽连忙过来接待客户。

丽丽："您好，您是要买婴儿车吗？"

客户："是的，出门推着比较轻便的那种。"

丽丽："您家宝宝现在多大了？"

客户："刚满3个月。"

丽丽："那您带宝宝出门主要是去哪些场所呢？"

客户："主要是超市、公园这些地方吧。"

丽丽："是您自己带孩子吗？"

客户："嗯，老公上班，我就得自己出门采购、遛娃。所以最好是能装一些东西的，这样去超市就方便了。"

丽丽："好的，我了解了。您看这款车。它的车身主材质是钢结构的，非常结实，承重能达到300斤，大人坐上去都稳稳的。而且里面这些衬布和遮阳棚等都是纯棉的，很适合宝宝稚嫩的皮肤，而且它有冬夏两种围布，网状透气性非常好，而夹棉的适合冬天出行。而且，后面的拉杆可以调节靠背的角度，现在宝宝可以躺在里面，将来宝宝长大了就可以把它拉起来，让宝宝坐在里面，系上安全带也是非常安全的。还有一个亮点：下面有一个大容量的购物筐，您看，这可以装不少东西呢。另外，这里还有一个大口袋，可以装些纸巾等常用物品，方便拿取。来，您感受一下。"

客户仔仔细细看了一遍，然后又看了看其他产品。丽丽开口说："当妈虽然是件幸福的事，可是也真不容易呢。好在现在这些辅助工具都很贴心，帮我们省了不少力气。您看这大购物筐，结完账直接把东西放里面，推着省劲儿，也不影响宝宝的舒适感。还有这内衬材料，多舒服啊，满满地都是妈妈的爱呢。"

客户："嗯，就它吧。"

第十三章 | 产品介绍：用专业创建信任

案例中，丽丽抓住了全职妈妈需要自行购物、带孩子的核心需求，在介绍产品时一直在强调大购物筐和宝宝的舒适度，可谓说到了客户的心里，让客户觉得这个车能很好地满足自己的需求，于是销售就能顺利完成。

所以，销售员一定要抓住客户的核心需求，对客户最关注的产品性能反复强调，更容易获得客户的认可。

此外，销售员的语言要生动形象，用语言感染客户。

销售员在向客户介绍产品时，语言要生动形象，富有感染力。销售员要通过语言的魅力来吸引客户，让客户对产品产生兴趣，进而实现成交。

然而，一些销售员在向客户介绍产品时，缺乏与客户的互动，产品介绍就成了面无表情的推销，引得客户反感。

案例

一家餐厅要为服务员订一批工服，某服装厂的销售员小张带着样品找到了餐厅经理刘女士。刘女士看完所有的样品之后，觉得那套纯棉的样品无论款式还是面料都还不错，于是指着那件衣服问："这套是纯棉的吗？"

小张站在一旁，面无表情地回答："是的。"

刘经理："那洗了会不会缩水、掉色、起球？"

小张："目前还没有客户反映这种情况。不过在洗的时候也要注意水温和洗涤剂等。"

刘经理："哦，我再考虑一下吧。"

案例中，小张的销售并不成功，原因就在于他在进行产品介绍时面无表情，语言平淡无奇，没能引起客户的兴趣。倘若销售员小张按照下面的方式来说，或许这一单就成了。

| 销售就要会沟通

案 例

> 刘经理问:"这套衣服是纯棉的吗?"
>
> 小张微笑着回答:"是的,您真有眼光,这是纯棉的,穿起来很舒服。而且这个款式一个月我们就销售了2000套。"
>
> 刘经理:"纯棉的穿着倒是舒服,但是会不会缩水、掉色、起球?"
>
> 小张依旧保持微笑,并把衣服拿到客户面前,说:"一看您就是选衣服的行家。很多纯棉的衣服的确会褪色、缩水,但是我们这款衣服的面料是采用特殊工艺处理过的,保留了布料的舒适度,但却不会缩水、变形或者起球。所以请您放心。"
>
> 刘经理:"哦,那就好。"
>
> 小张掏出手机,打开一个微信聊天记录,是定做这套工服的某公司经理发来的图片和赞美之辞,刘经理看到上身效果非常好,于是也定了这套衣服。

显然,前后两种产品介绍的方式传递的感情完全不同。前者冷漠,后者热情;前者毫无感染力,后者的话听着就舒服。难怪客户会选择与后者成交。

销售员在向客户介绍产品时,一定要注意说话的技巧,注意语气和语调,并且注意措辞,配合热情洋溢的面部表情,一定会顺利说服客户。

4. 自曝其短,有缺陷才更真实

一些销售员在向客户介绍产品时,只拣好的说,对于产品的缺陷只字不提。如此完美无缺的产品和说辞反而会引起客户的怀疑,因为大家都清楚,没有十全十美的产品,要么是销售员隐瞒不报,要么是销售员说了谎,把坏的也说成好的。

第十三章 产品介绍：用专业创建信任

为了显示销售员的诚实，销售员在介绍完产品的优点后，也可以介绍一下无关紧要的缺陷。缺陷无关紧要，客户就不会较真，而且会觉得销售员的话可信，因为他连产品的缺点都直言不讳。

案　例

> 丁伟是某售楼处的销售员。他所售楼盘的位置并不是中心位置，但这并不影响楼盘的热卖。这天，售楼处来了一对夫妻，丁伟接待了他们。丁伟首先对楼盘所处位置通过区县图指给了客户，客户一边看一边小声嘀咕说："位置有点偏啊。"
>
> 丁伟又给客户看了户型图、沙盘和周边环境，客户还是有些犹豫。丁伟又带客户去看样板间。在样板间，丁伟对客户说："您二位请看，咱们小区有配套的幼儿园，马路斜对面在建的是新规划的公立小学。另外，咱们小区东面的椭圆形建筑是商场和超市的设计，这会是一个综合商场，购物、电影、美食、儿童娱乐应有尽有。过东边的红绿灯，下一个路口就是人民医院的新址，目前也在建设中。预计后年正式投入使用，正式接诊。"
>
> 客户一边看一边在沉思。
>
> 丁伟又对客户说："您看，这么棒的社区环境，这么好的周边设施，这么好的户型，除了离市中心远一点，真的是完美了。但是话说回来，如果周边什么都有，根本不用跑市中心去办事，那我们非往市中心跑干什么呢。"
>
> 客户点了点头。两天后客户就过来找丁伟交房屋定金了。

案例中，丁伟在充分彰显此楼盘的优势的同时，也毫不避讳地说出了楼盘离市中心较远的缺陷，并且楼盘的优势也可以证明这不能算作缺陷。在丁伟的巧妙说辞下，客户不光看到了楼盘的优势，而且也没有再纠结离市中心远的问题。

销售员在介绍产品的时候，对于产品的优点一定要介绍到位，但是对于产品的缺陷也不能只字不提。对于那些无关紧要的缺陷，销售员也可以轻描

| 销售就要会沟通

淡写地说一说，这样更显得销售员诚实和真诚。

5. 逻辑清晰，优势突出，客户才会欲罢不能

　　任何产品都是集合了研发人员的智慧，经过一道道生产加工才生产出来与大家见面的。关于产品的优缺点、性能、使用方法也不是销售员一两句话就能说得清楚的。产品有外观、材质、性能、使用方法、注意事项等很多需要客户关注和了解的事项，先说什么再说什么，销售员要事先理清思路，着重突出产品的优势，用话语把活灵活现的产品装到客户的脑海里，客户才会对产品欲罢不能。

　　如果销售员的逻辑不清晰，在介绍产品的时候，就会变成被动的一问一答——客户问销售答。

案 例

　　郭晓云两个月前刚刚做了某品牌电脑的销售员，他好不容易邀请到客户朱经理来参加公司的展销会。朱经理来到会场，台上产品经理正在通过投影做产品介绍。朱经理听完介绍就自行在台下的样机旁浏览产品，最后驻足在一款机器旁边。

　　这时候，郭晓云走到朱经理身边，看到朱经理眼前的机器并不是自己为他推荐的那款，于是说："朱经理，您对这款机器有兴趣？"

　　朱经理："嗯，这款的功能比你之前介绍的那款要多些。"

　　郭晓云："其实功能都差不多。您看的这款机器是刚上市的新款，价格要偏高。"

　　朱经理："哦，那这款机器的内存有多少？"

　　郭晓云："800G，跟我介绍的那款一样。"

　　朱经理："那这个CPU是哪个？"

　　郭晓云看看产品的配置标识牌："V5。"

第十三章 | 产品介绍：用专业创建信任

> 朱经理："V5是个什么概念？"
> 郭晓云挠挠头说："这个怎么跟您说呢？跟I5还是有一定差距的。"
> 朱经理："哦，好吧，我再看看。"

案例中，郭晓云可能是因为不熟悉朱经理看上的这个机型，所以在介绍产品时毫无逻辑，客户问什么就答什么，完全丧失了主动权。

关于产品的信息有很多，销售员在介绍产品时要把握怎样的逻辑顺序呢？

先介绍基本信息

产品的基本信息组合起来构成了产品的轮廓。产品名称、型号、价格、产地、性能等都属于产品的基本信息。销售员首先要将这些信息告知客户，让客户对产品有基本的了解。

再介绍产品优势

这是产品介绍的关键。在产品严重同质化的时代，销售员必须将自身产品的优势强势地摆在客户面前。只有客户认同了销售员的产品优势，才会产生购买欲望。

接着介绍产品给客户带来的利益

客户购买产品都是为了获得某种利益或者解决某些问题的。在介绍完产品的优势之后，销售员一定要让客户清楚知道产品能给客户带来哪些利益，用利益打动客户，才是深入打动客户的方式。

最后是售后服务

签单交款并不是销售的结束，还有后续的售后服务过程。良好的售后服务也是不错的卖点，值得销售员大力介绍来吸引客户。

从产品的基本情况到产品优势，再到客户的利益和售后服务，这样的逻辑顺序非常清晰，让客户对产品的了解逐渐深入。这正是吸引客户的关键之一。

6. 注意：产品介绍不是产品吹嘘

销售员在介绍产品的时候都会有意识地扬长避短，毕竟产品的"长"才是吸引客户的关键，而产品的"短"只会让客户远离这个产品。然而，一些销售员在这个问题上做得有点过了，扬长避短变成了对产品的吹嘘，不仅只说产品的优势，而且会夸大其词，让客户产生产品不真实、销售员不可信的感觉。

销售员需谨记：产品介绍不是产品吹嘘。

案 例

马欣是某美容会所产品销售员兼皮肤护理顾问，她是一个非常本分的小姑娘，皮肤和形象都非常好，而且为人真诚，从不向客户虚假承诺，也从不夸大产品的作用，她的客户数量增长是最快的，让同事们很羡慕。然而她的两个同事的业绩非常一般，能说会道但客户就是不买账。下面是他们与客户的对话：

马欣："您肯定是经常对着电脑熬夜吧？脸上的斑有点严重，特别是眼角部位。您看一下。"说着马欣把镜子递到客户手上。

客户："是啊，没办法，工作压力大，不拼不行啊。"

马欣："再怎么样也要爱惜自己的身体呀。看您比我年岁还小，这么好的年纪就得漂漂亮亮的。"

客户："嗯，有什么办法先缓解一下我的皮肤吗？"

马欣："平时要注意休息，定期敷面膜补水。没事了就闭目养神少看手机。今天您可以试用一下我们公司这种具有修复、呵护功能的产品，让面部好好放松一下。这样坚持下来就会有效果的。"

客户："您这产品是祛斑产品吗？"

马欣："也不是专门的祛斑产品，它可以在一定程度上修复肌肤受到的损伤，增强皮肤代谢。"

第十三章 | 产品介绍：用专业创建信任

客户："那今天我走的时候先买一套试试吧。"

马欣："可以。但是您千万得注意休息和皮肤清洁，不然就是再好的护肤品也救不了你的皮肤啊。"

客户："嗯，我知道了。"

同事："您这皮肤有两大问题：一是太缺水，二是清洁度不好。"

客户："哦，这我也知道，怎么解决呢？"

同事："用我们这个清洁产品，然后再用这套补水套装和面膜就可以了。"

客户："有这么神奇吗？"

同事指着马欣说："看到我们这位同事了吗？三个月前皮肤比你的更糟糕，您看她用了三个月的产品之后的皮肤。"

客户："那您为什么不用呢？"

同事一脸尴尬："我，钱都投资给孩子了。"

客户："呃。"

案例中，从马欣和同事向客户介绍产品的方式来看，马欣真诚亲切，毫不夸张产品的作用，并且还会对客户善意提醒，能取得客户的信任。而同事在介绍产品时就有点"忽悠"的感觉了，也很难取得客户的信任。

可见，销售员在向客户介绍产品的时候，语言虽然要精彩，但是不能夸大其词，过分的夸张和吹嘘只会让客户觉得销售员不真诚，从而离销售员越来越远。

第十四章

销售跟进：用话语扫清销售障碍

有时候，销售并不是初次与客户见面就能成交的事，需要长时间不间断地与客户交流，几个回合之后，销售的目的才能达成。如果销售的过程比较长，销售员就必须及时跟进客户，通过跟进过程中的交流，用话语打消客户的疑虑，扫清销售的障碍。

| 销售就要会沟通

1. 找到恰当的理由，与客户保持联系

在初次与客户见面或洽谈之后，如果并未当场成交，客户仍在犹豫，销售员千万不要认为这样的客户就没希望了，客户走后也懒得理会，于是断了联系，这样客户就真的流失了。

客户一时离开并不可怕，关键是销售员要保持与客户的联系，通过不间断的联系来加深彼此之间的认识和了解，这样更有助于说服客户购买。

案 例

阿基勃特在刚进入美国标准石油公司的时候是一个名不见经传的销售人员。但是他却有一个让人们很容易就能想起他的习惯，那就是无论走到哪里，每当需要他签名的时候，他都会在自己的名字下方写上"每桶4美元的标准石油"这几个字，出差住旅馆登记、费用签单，甚至是写信都是如此。因为这个习惯，阿基勃特被同事们戏称为"每桶4美元"。久而久之，他的真名几乎被人们遗忘了，大家看到他，脑海中第一个想起来的就是"每桶4美元"。

洛克菲勒知道了阿基勃特的这件事情之后表示非常吃惊，并夸赞道："这名销售员所做的在常人眼中是小事，却给公司做了极大的宣传。"于是，洛克菲勒邀请阿基勃特共进晚餐。后来，洛克菲勒卸任，阿基勃特成了公司的第二任董事长。

也许，像阿基勃特这样充满激情的举动在许多人眼里是不值一提的，但正是平时的积累才换来了厚积薄发的潜力。

作为一名销售员，进行销售活动主要是依靠你的声音向客户传递各种信息。但在与客户沟通的时候并不是夸夸其谈，而是要让客户真真切切地感受到你是站在他的立场上，以他的利益为出发点，帮他说话。这时，你

已经不再是一个单纯的销售人员,而是成了客户的高级参谋,他会用心感受你的热情,觉得你是可以信任的,进而把你当成"自己人",愿意与你达成交易。

用声音传递你是客户的"自己人",就需要用关切的语言打开客户接纳你的窗口,从客户把你当成"自己人"的那一刻开始,客户就已经感受到你的人品,这样你的销售额不上升都难。

2. 逢年过节,送上关心与祝福

很多销售活动都不是"一锤子的买卖",若客户关系维护得好,不仅会促使客户回购,他还会帮你介绍很多的新客户。要想维护好客户关系,就不能只与客户做买卖,而且要做日常生活中的朋友,互相问候、互相祝福,礼尚往来。

案 例

> 宁宁是某保险公司的销售主管,她从一个小小的销售员成为一个拥有三四十个组员的销售经理,其中的一个秘诀就是,无论对客户还是对自己的下属组员,她都当作朋友一样对待,逢年过节该有的礼数从来不少。
>
> 逢年过节的时候,宁宁提前就编辑好了短信息和微信消息,在节前一天就给客户送上温馨的祝福,平时有客户或其亲属生病住院了,她都会去看望,顺便做些力所能及的事。
>
> 宁宁说:"如今智能手机和互联网这么发达,我们不好好利用真是可惜了。它应该是我们销售员与客户建立和保持联系的很好的纽带,应该让关心和祝福乘着科技的快车送达客户的心里。"
>
> 宁宁自从事销售工作以来,没有一个节日不给客户送上关心和祝福,所以她甜美的声音和满满的热情经常出现在客户面前,客户怎可能忘得了她呢!

案例中，宁宁的做法很简单，也没有什么成本，但却很好地与客户保持了联系，赢得了客户的心，是一种非常好的跟进方式。

科技的发展让人们之间的联系和交流变得简单。有人说：简单的事情重复做，就是一种成功。无论采用何种方式，销售员对客户的关心和祝福都不能少，这是销售员与客户保持联系的重要手段，而且一条祝福的短信，一个关心的表情，都能给客户带来温暖和舒适，自然就会成为你的忠实客户。

3. 提问引导，寻找客户犹豫不决的原因

事实上，很多时候客户内心已经做好了购买决定，但依然不会马上表达出来，他们常常会从产品的价格、包装、气味、赠品、是不是正品等各种细节上考虑，因此迟迟不肯下单。

销售员需要注意的是，你说什么不重要，重要的是客户想听什么。你所讲的不一定是他们想听的，在你讲的过程中，他们只挑自己想知道的听。所以销售人员在向犹豫不决型客户介绍产品的时候，一定要言简意赅，不要啰唆。另外，你在向客户介绍产品时，一定要针对客户需求以及他们在意的功能，进行有针对性的介绍。即使你的产品卖点有很多，但若客户只需要其中某3个，甚至更少，那么这3个卖点就是让客户不再犹豫的"灵药"。

案 例

王兰具有天生的选择恐惧症。经常在购买商品的时候，觉得每件同类产品都挺不错，都有很多优点，所以很难做出购买决定。这也是王兰的一个弱点。

有一次，下午时分，王兰去挑选一件丝巾作为生日礼物送给母亲。然而走进一家丝巾专卖店之后，王兰瞬间感觉自己十分无助。此时，一位店员走了过来，询问王兰是否需要帮助。王兰主动向店员告知买

第十四章 | 销售跟进：用话语扫清销售障碍

> 丝巾是作为生日礼物送给母亲的，并告知店员母亲的年龄、颜色喜好、图案喜好和自己接受的价位等信息。此时店员在脑海中快速搜索着符合王兰需求的丝巾。不一会儿，店员为王兰挑出了三款，王兰对这三款表示都十分中意，但依旧拿不定主意。店员见状，拿过来让王兰分别试戴，挑选自己认为最中意的，结果还是没有做出最终的选择。
>
> 　　此时，店员依旧不急不躁，向客户发起最后一轮强势"攻击"。她拿起一条粉底牡丹蝴蝶花色的丝巾，向王兰表示，这条丝巾是今年最流行的爆款，在市场中十分走俏，上午库存就剩两条了，被一位老客户预订了，现在只剩下手中这条，并夸赞王兰是非常幸运的，现在还有仅剩的一条。王兰一听，"库存告急""幸运"，这不正是自己想要向母亲传达的祝福吗，希望母亲永远都有好运。于是就买下了这条送给母亲。

　　这位店员在面对犹豫不决型客户的时候，每走一步，都能最大限度地迎合客户需求，并逐渐引导，适时制造危机感，让客户不再因为迷茫而犹豫不决，加快了客户成交的速度。具体来讲，在销售过程中，遇到犹豫不决型客户，可参照的应对步骤如下：

　　当销售员介绍完产品后，若客户依然犹豫，此时最好的办法就是邀请客户直接进行产品体验。在客户体验产品的过程中，才能真正感受到产品的优势和特点。这样做还有两个方面的好处：一方面是为了给客户留出考虑的时间；另一方面是让客户在产品体验中真正近距离感受产品的质地、气味等，销售员再结合客户需求，更有力地说服客户。

4. 仅剩一件，刺激客户拍板

　　销售人员也经常遇到这样的情况，当客户拿不定主意的时候，往往会说："东西挺不错，等下次带我朋友过来参谋参谋。"此时，很多销售人员会说："好的，那您下次再过来。"殊不知，客户在走出你的视线之后，就已经有

| 销售就要会沟通

很大可能变为了别人的客户，这就意味着你失去了这位客户，要知道一旦失去了客户，这位客户再回来的可能性就会很小。

这种没有给客户压力的销售方式，显然已经失去了成交机会。如果销售人员能够换一种话术："今天您没有带您的朋友过来实在是太可惜了，这款产品太适合您了，而且我们今天正好有促销活动，价格也不高，明天活动就结束了。您不妨先试试？"

这样应答客户，既可以肯定客户的选择是非常明智的，又能说服客户试一试产品，刺激客户的购买欲望，最后利用优惠时限来促进客户成交，不失为一种好方法。

案 例

凌潇潇是一家服装店的销售员。一天，一位顾客进入店中，径直走到了一款粉红色羊毛大衣旁边。凌潇潇上前问道："您好女士，请问有什么可以帮您？"这位顾客指了指这款粉红色大衣，问道："有我合适的码数吗？"凌潇潇微笑回答："当然。看您的身高，应该170/96A正合适。""那你帮我拿来试试。""好的，请稍等。"

当凌潇潇拿下衣服，为这位顾客试穿之后，整体上看，衣服就像量身定做一般，非常合身。当即，顾客问道："价格是多少呢？"凌潇潇看了看吊牌，说道："原价1580，我们现在周年店庆，搞活动，每件75折，折后价是1185元。""嗯，这件大衣质量不错，我今天还没有做好决定，等改天我带闺蜜一起过来帮我参谋参谋再做决定。""女士，您看，您今天来，正好赶上我们店里这几天周年店庆，恰好明天就结束了，优惠活动也就截止到今晚，价格是非常划算的。再说，这件衣服很能衬托您的身材，显得肤白，更有气质。如果您今天不买，那么就错过了最佳折扣期了，现在买是非常划算的。而且这款衣服仅此一件了。刚刚有位美女喜欢，结果这尺码不合适，只能选了其他款式。您真的很幸运！"此时，客户思索了一下，最终做出了购买决定。

大多数客户都是非常挑剔的，销售人员好不容易把符合客户期望的商品推荐给客户，客户也表示满意，却要求销售人员换一件最新的、未开封的产品。这种情形普遍存在。

但销售人员如果用这样的话术："真的很抱歉，您这件商品是新拆开的，不仅是全新的，而且是最后一件了。之前没有人打开过的。您的运气真好，这件是热销产品，您赶上了这最后一件，如果您真的喜欢的话，我就帮您包起来，要不然这么走俏的商品，等您转一圈回来就卖完了。"这样的话术，不但给客户一种爆款的感觉，关键是通过"只剩最后一件"给客户带来一定的压力，如果不买就要错失机会。另外，"热销产品"的说辞是对客户眼光的肯定，而且是刚拆开的、全新的，这样大多数客户是能够接受的。

5. 注意：一个老客户的故事比产品介绍更管用

大多数客户都是非常挑剔的，不是对产品不满意就是对价格不满意，甚至会因为不满销售员个人而拒绝购买其代表的品牌产品。销售员说破嘴皮都无济于事。这时候销售员可以跟客户讲一讲老客户的故事，老客户用了产品得到了怎样的便利与好处，老客户因一时贪便宜买了假货带来了怎样的恶果，这些都可以与客户分享，引起客户情感上的认同和共鸣。当客户从你的故事中认识到你的产品品质更优、你所在公司的服务更佳、你这里产品的性价比更高的时候，客户内心就已经认同了你和你的产品，那么成交就不远了。

案 例

芳华是一家世界十强护肤品企业在中国华东大区的销售代表。芳华是一名非常有经验的"老手"，擅长以情动人，用故事说服客户。在一次产品推销时，一位客户打算为其妻子买一套护肤品，但是这位客户却希望花小钱办大事，因此与芳华不停议价。此时，芳华向这位客户讲述了一个非常真实的故事。芳华说道:"我认识一位女士顾客,她和她表姐都是敏感性肌肤,她们平时都不轻易使用其他品牌的护肤品,因为担心过敏。这位顾客本来在某购物网站上看到了自己平时用的那套温和、无刺激化妆产品搞促销活动,于是打电话告诉表姐,也要给表姐带一套。但不巧的是,正好只剩下一套了。要是不给表姐买,毕竟已经电话中答应表姐了,要是给表姐买,自己现在用的马上就用完了。正当苦恼的时候,突然想到了某网站旗舰店也应该有这套产品,于是就去该产品的某网站旗舰店转了一圈,发现价格还要便宜100多,心想:'既然这家店是旗舰店,产品应该也是真的,毕竟省120块钱呢,买回来自己用,也挺划算的。'于是她在这个网站旗舰店下单。收到产品后,她把高价买的那套给了表姐,某网站旗舰店买的那套留给自己用。可是没过两天,问题就出来了,这位女士面部全是红斑,又疼又痒,出现了严重的过敏现象。打电话过去问表姐的情况,表姐表示暂时没问题。这时候,这位女士恍然大悟:'一分钱一分货,既然产品的成本价格是一样的,便宜100多自然是有猫腻的,真是贪小便宜吃大亏啊。'事后,这位女士为了治疗过敏,花了很多钱。"当芳华跟客户讲完这个故事以后,她的这位客户也情绪激动,说:"你这么一讲,我突然想到了我的一位朋友也有过这样的经历,给她生活带来了很大的不便。想起来都后怕!"于是,这位客户就没有对芳华的售价提出任何异议,并一口气从芳华那里买了好几套产品。

销售员要具备讲故事的能力,既要将故事讲得精彩,又要简洁,甚至是简单的一句话、一个词,只要用得好、用得妙,都能将故事传神地讲出来。销售也是考验销售人员讲故事能力的一种方式。

著名的现代销售学之父菲利普·科特勒说过:"客户买的并不是钻,而是墙上的洞;星巴克卖的不是咖啡,是休闲;法拉利卖的不是跑车,卖的是一种近似疯狂的驾驶快感和高贵;劳力士卖的不是表,是奢侈的感觉和自信。"而销售人员讲的不是故事,是为了通过故事让客户产生一种情感上的共鸣。

第十五章

化解疑虑：专业+缜密，让你的话术无懈可击

销售人员每天面对的是形形色色的客户，成功拿下的客户越多，就意味着你所积累的经验越来越丰富，收益越来越丰厚。然而如果你说话不注意，不专业，客户就会觉得你是门外汉，不靠谱。

| 销售就要会沟通

1. 不踩客户"雷区",婉转给出建议

我们可以用医生和病人的关系来比喻销售员和客户之间的关系。医生为了治愈病人往往建议病人改掉不良习惯,并珍惜自己的身体健康,以此来让病人早日康复。而销售员若是踩到客户的"雷区",不管你的产品有多么物美价廉,你的方案多么完美,客户都会因此而心生抱怨,不会买账。就好比在矮人面前不说"短话",在"东施"面前不言丑一样,一旦说出来,你就触到了他们的"雷区"。

案 例

悠悠是大学毕业的实习生,在销售行业涉世未深。销售经理为了让悠悠快速成长,在刚进入销售领域时,经常在会见客户的时候带着她进行实战示范。一次,销售经理提前预约了一位已经合作多年的老客户,同时也带着悠悠学点销售技能。本来销售经理认为凭着他与这位客户积累的友好的客户关系,去和这位客户见见面、聊聊天,签合同势在必得,但意料之外的事情发生了。在与客户沟通的过程中,因为悠悠一句不经意的话,损失了一次成交大单的机会。

到了约见的那一天,悠悠看到眼前的这位客户是位漂亮的女士,无论从穿着还是打扮,都透露出高贵的气质。此时,悠悠便开口赞美客户:"感觉您非常有气质和品位,想必您一定是位贤惠的妻子和温柔的母亲,您的家庭也一定非常幸福美满。"然而,悠悠的话音刚落,这位客户立刻变得悲痛起来,随后便转身离去。悠悠对此大感不解,认为客户实在是没礼貌,不打招呼就一走了之。事实上,悠悠并不知道,半年前,这位客户的丈夫和儿子在外出旅游的时候出了意外,在车祸中离开了人世,这件事让这位客户伤痛万分。此时悠悠"错误的赞美",让客户想起了伤心的往事,自然没了继续谈生意的心思。

的确，每个人或多或少都有缺陷或弱点，可能是生理上的，也可能是隐藏在内心深处不堪回首的经历，这些都是他们不愿被人揭起的"伤疤"或"短处"。在销售过程中，与客户交谈时，需要多听、多观察，回避这些话题，否则一旦踩中了客户的"雷区"，再说弥补的话为时已晚。

2. 话说七分，客户也会信任你

销售人员在与客户沟通时，事事不能说得太过绝对，如果不能保证绝对能兑现，就不要轻易承诺，在没有实实在在的证据之前，最好不要妄下结论；不要否定客户，把其说得一无是处，"赶尽杀绝"，让对方没有台阶下。这样做很容易埋下客户对销售员不满甚至仇恨的伏笔，这样对你日后销售工作的开展绝对没有好处。

案 例

韩冰在某家建材销售市场开了一家店。初出茅庐的他，本以为在上大学时学习的电子商务专业知识能给他的销售生涯带来很多优势，但事情并没有他想得那么简单。

有一次，韩冰给一位客户推荐建材产品，当客户对建材的质量产生怀疑的时候，韩冰在没有任何凭据或权威认证的情况下，拍着胸脯说："您放心，我们的建材都是信得过的产品，从正规渠道上货的，质量绝对没问题。"出于韩冰所售建材价格较市场中的同类产品便宜一些的原因，客户从韩冰这里买了一批建材。但是，不久之后，糟糕的事情发生了。韩冰被告上了法庭，原因是客户从韩冰那里购买的建材出现了严重的质量问题，掉落的建材把好几个工人砸成了重伤。韩冰也觉得着实委屈，事实上他的产品的确是从一家上游生产商那里进的货。最终层层追究法律责任之后，虽然上游生产商受到了严重的惩罚和制裁，韩冰也因此受到了牵连。作为销售商，却因为自己当初把话说得

> 太满，致使客户在使用过程中出现严重的质量问题，韩冰在客户心中的信任也消失殆尽，最终因为客源不断流失，韩冰生意难以为继，只好另谋生路。

大话连篇，说话不着边际的人，往往得不到别人的信任。所以，销售员应当多给自己"留条活路"。

销售员在向别人承诺的时候，一定要保持谨慎的态度。因为一旦你承诺的时候把话说得太满，那么在日后兑现的过程中势必给自己增添诸多压力，让自己既无法承受，也无法对当初的承诺进行兑现，让客户对你产生极度的不信任感。

在销售中，尽量少用"保证""肯定""绝对""必定""没问题"等词汇，多用"尽量""试试看"等词汇代替。这样，即便是你没有兑现你的承诺，也给自己留了一条后路，也不会损失你的诚意，反而显示出你的谨慎，更会让客户对你产生信赖，即便没做到，客户也不会对你有太多的责怪和不满。

3. 说话留余地，变被动为主动

经常能听到销售员在工作过程中说话做事很绝对，不给自己留有任何余地。也有人喜欢给出结论，将"我说得绝对正确，你说得绝对是错误的"作为口头禅。这类人不知天下没有绝对的事情。很多时候，说话太过绝对非但不会给人十足的安全感，反而更容易让他人怀疑。因此销售员在与客户交流的时候，即便是绝对有把握的事情，都不要将话说得太过绝对，否则就可能将自己推到非常被动的局面，使自己处于举步维艰的境地。与其给别人一个质疑的机会，何不给自己留一定的余地呢？

第十五章 | 化解疑虑：专业+缜密，让你的话术无懈可击

案 例

小陈经常被同行称赞为"销售圣手"，的确，他在销售领域摸爬滚打的10年里，掌握了不少销售技巧，也能够熟练应用各种销售策略应对各种难以应付的客户。更重要的是，小陈非常善于应用语言艺术达到销售目的。

很多销售人员认为与新客户培养感情是一件非常难的事情。但在小陈看来，只要在与客户交流的时候，注意自己的说话表达方式和方法，其实很简单。

一天，小陈成功开发了一位新客户。当客户高兴地签单之后，客户问小陈："什么时候能到货呢？"小陈微笑着回答："近期这批货销售很火爆，经常出现库存短缺的情况，不过咱们虽然是第一次合作，但我觉得咱们这么投缘，我尽量帮您催催，库存一有补货，我第一个给您发货，不过最近正值雨季，运输道路不是特别好走，这样，我尽量3天让您收到货，您看行吗？"客户高兴地点点头："好，行。"但是没想到的是，两天之后客户就收到了这批货，并专程打电话过来，向小陈表示感谢，说这批货来得很及时，本以为3天到货可能会耽误使用，但没想到提前到货，帮了他大忙，希望以后经常和小陈合作。就这样，小陈又成功拴住了一位新客户。事实上，小陈并没有把到货时间具体说成几天，给客户承诺尽量3天到货，这个时间是非常有弹性的，可以给备货、送货留出一定的时间，但小陈却能够提前一天将货送到客户手中，客户自然觉得小陈的确对他的事情很上心，自然会对小陈深表感激，也愿意和小陈长期合作。

任何时候，有真凭实据才更能让人信服，否则，不切实际、有悖常理的言辞往往给人落下口舌，抓住把柄。一旦造成这样的局面，想挽回为时已晚。

古人云："处事须留余地，责善切戒尽言。"销售员在与客户交流的过程中，要注意把握分寸、掌握尺度，能够时时处处给自己"留条活路"，体现的正是销售高手所具备的大智慧。

4. 和气生财，不要和客户争辩

永远不要和你的客户争辩，这是一个很简单的道理。若销售员总是因为一些小事与客户争辩，那就意味着这场交易就此终止。对于这一点，虽然其中的道理人人都懂，但是现实中践行这一道理却是一件相当困难的事情。

案 例

在一家水果店里，突然疾步走进一位中年男顾客，手里拎着一个红色包装袋。一进门，男顾客就冲店老板嚷嚷："你看看你店里卖的是什么甘蔗，里面都有红心了。这样的甘蔗还往外卖？吃坏了人你负得起责任吗？"这时，正是晚上下班时间，同时也是购物的高峰时间，水果店里有很多顾客。店老板听了这位中年男顾客的话，心里十分不痛快。于是，店老板说："买的时候你自己没好好看吗？我可是当你的面儿给你切成一段一段的，当时哪有红心啊？要是有，你不早就要求我给你换了？"中年男顾客一听，一下子急了："你的意思，是我的不对，是我专程来找碴来了？满打满算也就十块钱的东西，我至于因为这么点钱专门来找你的茬？"店老板也不依不饶："我可没那么说，是你自己心虚，自己说的。"中年男顾客马上把甘蔗往地上一扔，双脚使劲踩了上去，边踩边说狠话："是我愚蠢，到你店里买甘蔗，下回我再也不给自己添堵了！"店主一看也急眼了："甘蔗买走怎么处理是你自己的事情，要踩扔到外边去，别在我店里耽误我生意。"这样，两人一来二去，吵得不可开交。店老板生意也不做了，两手叉腰和中年男顾客吵起来。正在水果店购买水果的顾客看到这种情形，也都皱起眉头纷纷离去了。

有位哲人说过："如果你赢了一场争吵，你便失去了一位朋友。"而对于销售员来讲，可以说"如果你在争吵中赢了客户，那无异于在客户脸上打了一巴掌，把客户赶走。"显然，无论是这位中年男顾客还是水果店老板，在相互争吵一番之后，谁都没有得到任何好处。所以，销售员切忌与客户争辩。

有时候，错误出在自己身上，就要放下面子，主动向客户道歉，换取客户的谅解。当然，有时候也会是顾客的原因，此时你也要做出让步，向客户道歉，诚恳地说声"对不起"，以此消除客户心中的愤怒。这样虽然自己感觉委屈，却可以息事宁人，让生意继续进行。

在向客户道歉的时候，一定不要用"犀利"的话语，这样会加剧客户的"火药味"和敌对感。这样反而没有说服客户，还会让你与客户之间产生进一步的摩擦，断送了成交机会。

5. 充分展示卖点，客户无从辩驳

如今，消费者在购买产品的时候，已经不再像以前一样单纯地考虑产品的使用功能和品质，而是更加追求个性化需求的满足。

产品差异化才能突出产品与众不同的卖点。这种差异化具有排他性、独有性，既可以作为常规卖点，也可以作为核心卖点。这种差异性是同类产品中独一无二的特点，销售员完全可以在销售过程中向客户展示这一卖点，让客户知道这一卖点是非常值得出价购买的。如果一味地沉浸在讨价还价中，很有可能会错过这样的稀缺产品。

案 例

> 一对情侣来到旅游度假村准备入住，他们在度假区看到一家十分特别的名叫"木西"的酒店，单从外部装修风格来看，就能感受到它的与众不同。他们怀着好奇的心理走进这家酒店，店员非常热情地上前迎接，并问道："您好两位，您二位就是从大城市过来度假的吧？"

| 销售就要会沟通

> 男士回答说："是。"接着店员向这对情侣说道："的确，现在大城市生活节奏太快，很多人会感觉枯燥、乏味、压力大，同时也会感觉到人情冷漠。"这位男士回答道："是啊，的确如此。所以我们出来度度假，放松放松。"店员接着说道："那您来我们酒店可真是太适合不过了。您知道为什么吗？"店员看了看这对情侣的表情，顿了顿，继续说道："我们的酒店名叫'木西'，酒店打破了传统的运营模式，用差异化品牌定位来吸引前来的宾客，从宾客情感需求和自身利益出发，融合市场中不同类型的酒店对宾客的情感需求的满足方式，引起宾客情感共鸣，达到心灵栖息的目的。想必您从我们酒店的整体装修风格就可以看出我们的理念。现在，尤其是大城市的年轻人，他们平时工作节奏很快，身心不能得到放松，我们酒店正是完全站在顾客的立场上，为顾客打造一种能够放松身心，感受温馨、体贴、健康、富有生活情调的休息场所。"男士点点头说道："听起来挺不错的。"店员又说："所以，很多年轻人都喜欢这种酒店风格。我们这里尤其到了节假日，爆满。"女士似乎有些心动了，问了一句："房价多少呢？"店员回答道："房价是850元。"女士有些犹豫地说："太贵了。"店员看出了女士的心思，趁热打铁说："您也看到了，今天的客房一直爆满，很多人想订都订不到，而您二位今天很幸运，刚有一位顾客退房，现在只剩下这一间，您正好可以入住。要不我帮您订下？您也知道，现在是节假日期间，各酒店房间都比较紧张，很可能前一秒您还在这里纠结，后一秒已经有房客在网上预订了，那样您可就真的错过了。再说，虽然价格您可能觉得会稍微贵点，但是能让您走出纷繁嘈杂的环境，享受这美好的宁静与放松，这份惬意是您在平时很难享受到的，这个价格也是非常值的。"于是，两位情侣果断表示愿意体验一下这种与时尚、潮流接轨的与众不同的酒店。

销售人员推销产品的时候，一定要对产品的功能和各项技术指标以及特点了如指掌，这是一名合格的销售员必须具备的基本功。销售员只有具备了这样的基本功，才能在为客户推荐产品的时候，充分就产品的卖点向客户重

第十五章 | 化解疑虑：专业＋缜密，让你的话术无懈可击

点讲解和展示，以达到不同凡响的销售效果，让客户没有还价之力，心甘情愿地买单。

6. 传递物超所值理念，获取客户信任

在销售中，物有所值是客户的一种心理体验，这样他们会认为买对了、买值了。所以，客户看似是在买产品，但实际上是在购买产品所蕴含的实用价值。从这个角度来讲，销售员要充分让客户感受到物超所值的感觉。

案 例

某一鞋油生产商有一批鞋油急需出售，销售部门想了一些促销方法，但最后效果不如人意，因而绝大多数都选择了放弃。李想是销售部门的"智多星"，他灵机一动，想到了一个妙招。他先去进购一批廉价雨伞，然后联合其他销售人员推出"高级鞋油，出厂价5元，买两盒送一把雨伞"的促销活动。销售活动异常火爆，鞋油也很快售罄，厂家也因此获利颇丰。很多人对李想的这种买赠活动能够创造如此惊人的销量十分不解。因为厂家以前也做过买一赠一的活动，甚至鞋油1元的价格也卖过，但销售效果却差强人意。李想解释道："在当地，最便宜的雨伞零售价也需要10元，由于雨伞是日常必备品，所以在人们眼中就相当于10元人民币。因此，对于消费者来说，加入这次促销活动是稳赚不赔的。至于鞋油，先不论质量好坏，但因为白送了雨伞，使得潜在收益很大，毕竟宣传的是高档鞋油。这件事情就变成了满足需求的基础上所做的锦上添花的好事，自然受到众多消费者的响应。实际上，雨伞的批发价格也就4元，一盒鞋油的成本也就5角。这样一个'买二送一'的套餐成本也不过5元，厂家稳赚5元，100%的利润就到手了。"

在客户明确产品价值，并感到物超所值的时候，就表明你在应对客户议

销售就要会沟通

价方面的能力已经卓然超群。在客户还未讨价还价之前,就已经先发制人,将路铺好,让客户没有讨价还价的机会和可能,并且还会认为花市场上同样的价格却买到了更加心满意足的高价值的产品。

7. 注意:报价不能太早,适时报价才利于成交

在销售过程中,客户在关心产品品质之余,更为关心的问题是价格。对于销售员来讲,如何报价就成为决定销售成败的关键。如果销售员在还没谈妥细节之前就急于将产品价格告知客户,很可能会给客户带来心理压力,进而降低客户的购买热情;如果你在客户发出成交信号的时候没有把握好时机,贻误了最佳报价时机,成交机会同样会与你擦肩而过。

作为销售员,要学会审时度势,选择适当的时机报价,才能让你的销售事业步步向前。

案 例

销售员A:"我们的产品是采用特殊材质,经过高温技术加工而成的,每平方米50元。"

客户:"50元是不是有点贵了?能便宜一点吗?40元怎么样?"

销售员A:"不能再降了,这是成本价,再低生意就没法做了。"

客户:"难道连一点缓和的余地都没有了吗?"

销售员A耸了耸肩,表示没有回旋余地,也因此让这位客户不满,生意就这样散了。但如果还是相同的生意,换成一位经验颇丰的销售员B,情况将会有很大的回转。

销售员B:"我们的产品每平方米60元。"

客户:"太贵了,便宜一点吧。"

销售员B:"我们的价位已经很低了。那您的心理价位是多少呢?"

客户:"便宜10元吧,能便宜我就要了。"

第十五章 | 化解疑虑：专业+缜密，让你的话术无懈可击

> 销售员B："要不这样吧，我们各退一步，55元。"
> 客户："5元太少了，就便宜10元吧。"
> 销售员B："那好吧，就照顾您说的。用得好的话以后再来啊。"
> 虽然也是50元成交，但销售员B能够审时度势，在适当的时机报价，让客户感觉到自己是这场价格战的胜利者，更重要的是为日后的重复购买打下了良好的基础，可谓一举两得。

当客户正忙得不可开交时，我们可以先报出模糊的价格，让他们对该产品的价格有大概的印象，详细情况可以另找时间协商；当客户已经明确了购买意向时，我们应当抓住时机报出具体价格，让客户对价格有一个具体的了解；在同行业务的人员较多、竞争激烈的时候不宜太早给出报价，除非你的产品有很大的价格优势。因为此时报价的话，竞争对手会对我们的价格了如指掌，趁机将其作为一个议价的突破口，反而不利于我们拿下客户。

第十六章

客户拒绝：巧用话语挽回

在销售中，客户拒绝并不代表没有希望。销售员完全可以通过寻找参照物，借助对比的方式凸显产品价值。单拿一件产品向客户描述其价值所在，是很难让客户信服的。如果能找竞品做对比，其价值就会很快体现出来，这样会加强客户的认同感，提高产品在客户心中的价值认同，从而使客户快速做出购买决定。所以说，在向客户推销产品的时候，学会借用对比的方式提高客户的认同，才能给消费者一个更加合理的不拒绝的理由。

1. 价格拆分，客户更容易接受

从心理学角度来讲，一个人对数量或金额较小的事物更容易做出决定。也就是说，当一个人在做出给购物决定时，如果金额较小，就容易下定决心；金额越大，客户越会犹豫不决。销售员在与客户谈价格的过程中，可以充分利用客户的这一心理。将产品的整体销售价格进行化整为零的分割，并经过一步步推理和计算，告知客户其实产品的价格是相当划算的，甚至让客户知道自己花小钱却办了大事。客户更容易接受这种数字较小的价格，这样报价，更有利于成交。

案例

小征是个影视爱好者，追剧几乎占据了她全部的业余生活。

有一次，小征到通信营业厅办理业务，销售员A接待了她。

销售员A："您好，请问您要办理什么业务？"

小征："我想升级套餐，或者换张手机卡。"

销售员A在系统里查看了小征目前使用的套餐，然后问："您目前的套餐是58元，含150分钟通话和10G通用流量，请问您想怎样升级呢？"

小征："流量总是不够用，想换流量多的卡或套餐。"

销售员A："您的流量主要用在哪方面呢？"

小征："看视频。"

销售员A："我知道了。对于您这种情况，不建议您升级套餐，这样成本会比较高。现在咱们的这种王卡含有比较多的定向流量，而且很多视频APP都免流，非常适合您。即使流量不够用了，购买流量包的费用也相对较低。"说着，销售员A拿出一张彩页给小征看。

小征对这种卡很满意，表示要买张新卡。这时候，销售员A接着说：

> "您喜欢追剧看视频，不妨加个爱奇艺会员，办理新号有优惠，每年才120元。比App上购买便宜多了。"
>
> 小征："这个不用了吧，我就看点视频打发时间。"
>
> 销售员A："这个会员可以有很多特权的，超前点播、提前解锁、弹幕特效，非常棒呢。并且是真的便宜，相当于一个月才10块钱，App购买的话，即使买年卡，平均每月也要18元呢。"
>
> 小征犹豫了一下，对于她这种追剧狂来说的确很划算。最终决定购买爱奇艺的会员。

120元和10元，显然10元这个价格更容易让人接受，不过是一顿简餐的费用，谁都舍得花。这种价格"缩小"的报价方式让销售员百试不爽。结合产品优势的介绍，销售员这样报价会给客户一种好用不贵的感觉，非常有利于成交。

2. 耐心包容，给足客户面子

难缠型客户之所以被冠以"难缠"的标签，是因为他们很多时候会给销售员带来"烦死了"这样的感受。然而，正是因为这类客户让人感觉"很烦"，更需要销售员在介绍产品或者为其提供服务的时候付出更多的耐心。因为，耐心是服务客户的首要原则，是赢得客户满意的基石，是客户从"有意拒绝"到"乐意接受"的关键。

所谓耐心就是不急不躁，不厌烦，在遇到难缠型客户时，要做到百问不厌、百事不烦。不要计较客户的语言轻重和态度好坏，只要自己处处表现出耐心，使客户满意，再难缠的客户也都会被你所感化。

案 例

> 李明夫妻二人开了一家理疗店，为进店的客人提供理疗服务，并

销售小型的理疗设备。虽然店面不大,但生意却一直很好。

一天,店里来了一位头发花白的老太太,想要买一个理疗床。李明带这位老太太体验产品。

"你这个太不方便了,我们这上了年纪的人躺到这个床上都很费劲,还得躺对位置。"老太太一边在李明的协助下躺好,一边抱怨说。

李明也没有生气,而是和气地说:"这个理疗床呀跟其他厂家的不太一样,为了保证理疗的舒适度和效果,必须要这个高度,我打开电源,您感受一下是不是这个床躺着更舒适一些。"

老太太连连点头,躺下来还没两分钟,又开始说:"怎么这么凉呢,人家的一躺上去就热乎乎的。我们这老骨头哪受得了。"

李明笑笑说:"您别着急,这电源刚打开,都得有个过程不是,再过一分钟,保证让您觉得像火炕一样热乎。"

过了一会,老太太又说:"热乎是热乎了,这腰和脊柱感觉挺舒服,不能同时按摩腿部么?"

李明不急不燥,回答说:"可以,但是这得要另外一个仪器了,躺着体验这个仪器感觉不是特别好,您等一会起来再体验这个腿部的好不好?"

老太太还是面无笑容:"你这个真麻烦!"

老太太躺在理疗床上,李明向她讲解着这个理疗床的卖点,老太太听完说:"好是好,得不少钱吧,你可别骗我这老太太呀。"

李明拉着老太太的手,半开玩笑地说:"我哪敢骗您呀,您虽然上了年纪,这心里可跟明镜似的。您说说,这么好的东西,您想多少钱买?"

老太太琢磨了一下,说:"要我说,一口价,5000块。"

李明哈哈大笑:"老人家,说话算话不能反悔呀。5000块我可赚大发啦,我们这个理疗床原价5800,这几天有折扣,7.5折,4350块。"

老太太扭过脸,惊讶地说:"啊?那我不是吃亏了,一口价4300,我让儿子马上付款。"

李明开心地说:"行,看在您老人家的面子上,我开单子啦!"

案例中的老太太是个挑剔的客户，从进店之后的表情和话语上不难发现这一点。但是李明非常耐心地应对了老太太的提问，征服了客户。

俗话说"人活脸，树活皮"，每个人都好面子，对于难缠型客户，销售员更需要给予其足够的尊重，多考虑对方的"面子"问题。给客户台阶下，也是给客户面子的一种方式。哪怕是对方错了，他也会感激你。

3. 比客户更"专"，好货不等人

有一类客户，他们对于某类产品情有独钟，对产品也颇有研究，说起来头头是道，也有自己中意的款式。但很多时候他们都只是与销售员聊产品，却迟迟不肯下单，他们把评论产品展示自己的专业和博学当乐趣。

销售员对于这类客户也很无奈，明明对某款产品有着足足的兴趣和了解，具有准客户的所有特质，就是不会当机立断掏钱购买！怎么办呢？在确认了客户对产品具有强烈的兴趣和占有欲之后，销售员可以将关于该产品的客户所不知道的小细节和小特色展示给客户，给客户带来又一次的惊喜和刺激，让客户对产品没有拒绝之力，成交就容易多了。

案 例

一位戴着眼镜，看上去文质彬彬的男士走进一家手表专卖店。销售员小董发现顾客在看一款男士手表，小董认为这位男士肯定是对这款手表感兴趣，否则不会在柜台前端详这么久。于是，小董上前介绍产品："先生，您真有眼光，我们这款手表是瑞士进口机芯……"还没等小董再往下讲，这位男士就打断了小董，并且说："不用讲了，我知道这款手表，它的机芯是瑞士进口的，材质……"当客户讲述完毕之后，小董大吃一惊，毕竟这款手表新上市不久，这位先生却如此了解这款手表的功能、材质等。此时，小董意识到她这是遇到了"行家"，于是对这位客户夸赞了一番："哇，没想到您对我们的产品很关注啊，

> 您如此了解我们这款产品，一看就是这方面的行家。不过我们这款手表在设计的时候，设计师还留了一点小心机，您是不是感兴趣呢？"客户此时满脸的求知欲，并连连点头。此时小董已经从客户的神情中读懂了客户的心理，知道自己已经成功攻破了客户的第一道心理防线，因此继续说道："您看这里，我们的设计师除了让人们在佩戴时更加凸显品味，还着重考虑舒适感，在此处安装这样一个小装置，可以让人们佩戴时毫无束缚感。"客户显然已经开始兴奋了，并说道："我对这款表已经心仪很久了，居然还有这个体贴的功能。好，今天就把它收了。"

专家型客户对于自己的喜好以及产品特性了如指掌，此时如果你一味地给其灌输产品知识，并按照你的思路为其推荐你认为他们可能喜欢的产品，此时你的行为无异于"自杀"。因为专家型客户无论在产品相关的知识领域，还是在个人喜好方面，都有非常明确的判断和选择，这时候你推荐的产品如果不能正好迎合他们的喜好，那么不但不会达到产品销售的目的，而且还会让客户反感，进而离你远去，显然这样的结果是得不偿失的。所以，面对专家型客户，销售员一定要知道客户不知道的产品细节，比客户更专业，以此来打动客户。

4. 限定时间，别给客户太长的犹豫期

客户下单犹豫不定是正常现象，毕竟掏钱的是客户，谁都不希望自己做出错误的购买决定，既损失了钱财又浪费了时间和感情。越是临近成交的时刻，客户越是紧张，表现出的犹豫不决越是明显。

如果销售员确定客户具有一定的购买意向，千万不能给客户太长的犹豫期。如果客户说："想回去再考虑一下"，"可以，但是我们的优惠活动明天要结束了，活动结束就恢复原价，而且活动期间的赠品也没有了。现在这个价格，比网上旗舰店价格都低，绝对史无前例"。

面对犹豫不决的客户,销售员千万不能任由客户犹豫,一旦考虑的时间太长,客户的购买热情可能就会被其他事情冲淡,这个订单可能就会慢慢"融化"掉了。

案 例

> 小严是一位销售新手,目前在一家装饰公司做销售。
>
> 一天,小严接待了一位客户,带客户看了公司各种风格的样板间之后,小严带客户回到了谈判桌前。客户主动向小严表示比较喜欢灰白色系的样板间,简洁大方,而且空间格局设计很合理。客户多次把话题拉到这个样板间上,看得出客户很喜欢这个风格。
>
> 小严见客户特别喜欢,于是把报价单递到了客户面前,说:"先生,看得出您对这套样板间的装修风格很中意,既然这样,咱们不妨趁着公司有活动,把后续装修合作定下来。"
>
> 客户看到报价单说:"这套的确不错,但是我想再看看,毕竟多看看才能把办公区域设计得更合理、更完美。"
>
> 小严:"您说的有道理,的确是这样。"
>
> 接下来,小严又带客户到样板区转了一圈。客户临别时对小严说:"我再看看,参考一下别人家的设计再定这个事情。"
>
> 客户就这样离开了。第三天,小严打电话告知客户公司折扣活动即将结束。客户仍然说最近忙,在考虑中。又过了几天,小严打电话给客户,客户不再接听小严的电话。
>
> 小严真是难过极了,明明客户很喜欢那个装修风格,给客户的价格也很公道,怎么客户就杳无音信了呢?

案例中,小严给客户的犹豫期太长了,也许客户看到了更满意的作品,也许客户有更重要的事情要忙,但无论什么原因,小严都因为放任客户而错过了最佳的成交时间。

如今人们的生活都比较忙碌,每天都有做不完的事情,也许做着这事就会忘了那事。加之当今科技的日新月异，事物的发展速度已经呈指数级，今天你具有优势，明天优势已被他人夺了去，光环不再，优势不再，你放任客户，给了客户充分的犹豫时间，那么成交自然就与你无关。

身为销售员的你，一定要谨记，不要给客户太长的犹豫期。也许只是一个晚上的时间，客户的想法就会发生变化，客户的需求就会完全不同。你必须抓住最佳的成交时机，客户才会是你的客户。

5. 高冷客户面前，温情话语打破壁垒

销售中，难免遇到高冷型客户。这样的客户少言寡语、面无表情，很难猜透他们的心思，为了避免高冷型客户产生尴尬和不自在的感受，你可以先回避一下，和客户保持一定的距离，并站在一个较好的角度，边做手里的事情，边观察客户动向，以便在客户发出帮助需求信号的时候能够第一时间给客户提供帮助和服务。这也是一种柔性应对高冷型客户的方式。

案 例

小斌从事销售行业已经多年，经常会遇到形形色色的客户，然而在经历了5年销售生涯之后，小斌可以自如地应对他们。一天，店里进来一位老先生，小斌像往常一样带着微笑迎上去，"老先生，您有什么需要帮助的吗？"这位老先生并没有直视小斌，而是边看商品，边冷漠地回答道："我先自己看看。"此时，根据小斌多年的经验，小斌判断这位顾客属于高冷型，于是并没有继续追问顾客什么，而是亲切地提示这位老先生，如果老先生有任何需求，他都随叫随到。这位老先生听了先是愣了一下，然后脸上的冷漠开始消退了，但依旧在独自浏览商品。而小斌则与老先生保持一定的距离，整理着货架上的商品。

过了一会儿，这位老先生突然问这款产品的出厂日期怎么没找到，此时，小斌贴心地拿着一把放大镜递给老先生，并把出厂日期的位置指

给老先生看，老先生似乎被小斌的热情和真诚所打动，于是放下了最初的警戒，开始和小斌攀谈起来，并且离开的时候买了好几件商品。

可见，小斌正是懂得与高冷型客户的相处之道，才能让这场本来尴尬、冰冷的销售活动变得活跃温暖了许多。

高冷型客户存在警戒心理，就在一定程度上为自己建立了一道与人隔绝的壁垒，然而要想让这道壁垒消除，关键就在于你如何能够一步步引导他主动与你沟通。在引导的过程中，真诚的语言和温情牌是必不可少的。

6. 注意：客户需要安全感

现在很多人在遇到推销员的时候第一反应就是退避三舍，直接给销售员吃一记闭门羹。他们这样做也不是没有原因的。因为安全感已经成为今天客户对产品购买的第一需求。成功的销售员应当抓住客户的安全感这一主题，从多方面努力，满足客户的安全心理需求，提高自己的销售业绩。

但是，客户的安全感的建立并不是一蹴而就的事情，是需要通过一定的方法来达成的。对于老客户而言，他们不会存在这类问题，因为老客户和销售员之间已经非常熟识了，安全感自然是存在于双方交流的每一个环节中。而对于陌生客户而言，增强他们的安全感才是进一步促成成交的前提。所以，给予客户安全感，让客户产生信任才是应对谨小慎微型客户的重要策略。

案 例

吴兴是某广告公司的销售员，他主要负责市区公交站牌的相关广告业务。一天，某商场招商部经理到访，咨询广告投放事宜。

该商场想将国庆期间的活动进行宣传，而公交站牌广告位是一个非常好的宣传途径。

| 销售就要会沟通

> 吴兴："高总，您真是眼光独到，您商场附近方圆五公里内的公交车站广告位非常抢手，之前的客户在这个广告位上投放，效果都非常不错，有的客户甚至投放期间业绩翻番了。"
>
> 客户："哦？这么神奇，这么厉害？"
>
> 吴兴："那可不是嘛，这边的广告位都要排队的。如果您想安排，也得到半个月之后。"
>
> 客户心想："骗鬼呢，我一直在关注这事，上半年这里的广告位几乎空了一半的时间。这销售不靠谱。"客户不紧不慢地"嗯"了一声。
>
> 吴兴："那既然您知道这些事情，我把合同给您看一下，一个站牌一个海报位20天展期的费用为6000元，一个滚动广告位20天展期的费用为8000元。"
>
> 客户附和："如果我用20个广告位，最少也要12万了？"客户心说怎么有被打劫的感觉呢。
>
> 吴兴："是的高总，基本上是这样。"
>
> 客户："那我花这么多钱，投放效果如何保证呢？"
>
> 吴兴："这个……我们之前的投放效果就是最好的保证。"
>
> 客户："能把您客户投放前投放后的收益对比数据拿来看看吗？"
>
> 吴兴："抱歉，这是客户隐私，不太方便。"

案例中，吴兴自始至终都没有给客户安全感，他在谈话之初的夸大其词和谈话尾声的含糊其词，都让客户对吴兴的说辞感到怀疑，客户如何放心地把这么多广告费交给这样的销售员和公司呢。

客户在初次接触一个销售员的时候是缺乏安全感的，担心自己上当受骗，担心自己花了钱却没达到目的。销售员面对客户，特别是面对新客户，首先要打消客户的各种疑虑，给客户安全感。客户感到安全，能够信任销售员及其销售的产品，那么成交就顺利得多。

第十七章

讨价还价：让客户感觉物超所值

客户讨价还价实属正常。对于这种吹毛求疵型客户，销售人员不但要具备销售天赋，还必须要有充足的专业知识。专业的更容易让人信服。如果遇到客户到处挑毛病，讨价还价，销售员完全可以利用自己掌握的专业知识来"捍卫"产品价值。

1. 抬高客户，让客户不好意思再压价

买卖中，砍价是很正常的事情。客户要求高性价比，用低价买到优质商品；而销售员则想高价卖出商品，以获得更高的利润。在价格问题上，销售员和客户通常会站在对立面。

作为销售员，要想按照预期的价格将商品售出，就要靠智慧打消客户压价的势头。有一类客户，他们很在意面子，特别是在受到恭维的时候，往往就不好意思再驳对方的话语，即便价格与自己的心理预期有点差距，也会接受的。面对这样的客户，销售员可以适当地抬高客户，使其不好意思压价。

案 例

周珊是某床品专卖的销售员。她口才好，做事聪明灵活，销售能力非常强。

一天，店里来了一对中年夫妇。男的身材魁梧，发型整齐；女的穿着时尚，气质高贵。一看就是有品位的人。这对夫妻想要给年迈的父母买套舒适的床品。周珊询问了具体尺寸和材质喜好之后，向客户推荐了几款，客户也找到了满意的商品。

"请问，这套蚕丝的多少钱？"客户开始询价。

周珊微笑着说："这套是998元，蚕丝这种材质较贵，但是舒适感是其他材料不能比的。"

客户："啊？这么贵，我还以为500左右呢。"

周珊："您的眼光是真的好。看您的衣着和举止就知道您是品位非凡的人。我想请问一下，您穿的这条裙子是流光丝吧？"

客户："是呀，这个料可不好买呢。"

周珊："那您这件衣服多少钱？"

> 客户:"六千多吧,定做的。这怎能跟床具说一起呢?"
>
> 周珊:"看得出,您是一位很有爱有孝心的人,能给老人买这么好的床品。舒适的床品更有助于提高睡眠质量,这套床品它是值这个价格的。"
>
> 客户没有回答。
>
> 周珊把一件商品放到客户手上,让客户一边体验舒适度,一边介绍说:"这是您对老人的孝心,怎是价格能衡量的呢?我再送两条毛巾给您,这个毛巾也是非常不错的。"
>
> 客户:"是的,我就是觉得这个料子舒服,老人用着更喜欢。开个票吧。"

周珊夸赞客户有品位有孝心,就这样抬高了客户。这样一来,客户也会觉得如果自己再讲价,在旁人看来就是不想给老人买这么好的床品,那自己岂不是成了不孝的人。周珊抬高客户,客户碍于情面就不会再多压价。

2. 设立人脉账户,用人情打动客户

我们会在银行开立一项银行账户,以存储和管理自己的财富,或者用其进行投资,让自己的财富增值。银行账户存储的积蓄越多,投资越多,我们所获得的收益也将越多。同样的道理,人脉也可以这样经营。你可以设立一个人脉账户,不断地积存信赖、情感、礼貌、尊重、关爱、真诚、仁慈、帮助等,这些都可以作为你的人脉财富进行充值,当这些财富在人脉账户中积累到一定程度之后,他人就会对你更加信赖,即使同一产品你给的价格略高,他们也会死心塌地地与你成交。每个人都深谙"来而不往非礼也"之道,如果你以某种方式给客户带来了利益,客户同样也会想着回报你的付出,偿还你的人情,购买你的产品。

| 销售就要会沟通

案 例

　　崔健是一家动物医药公司的销售人员，主要负责开拓豫北市场。有一次去焦作开拓市场时，崔健到某乡下考察，回来的时候已经是晚上八点多，回县城的公交车已经停运了。这时候正好遇到一辆开往县城的面包车，崔健就搭乘这辆车回了县城。之后，崔健为了感谢车主，专门上门拜谢，并在与车主熟识的过程中，通过车主认识了车主的弟弟，车主的弟弟是开办大规模养猪场的老板。以后，崔健就经常到老板的养猪场考察，该养猪场共有500多头母猪，由于规模较大，该场使用兽药原粉更加方便有效，也更加划算。于是，崔健向养猪场的技术人员推荐自己的兽药原粉，但是由于价格问题而最终无果。崔健明白，如果能拿下这家养猪场，则会带来不菲的收益。但就当前的情况来看，还需要从长计议。

　　于是，崔健改变销售策略，并没有继续向猪场老板提及业务方面的任何事情，而是经常到养猪场走动，与老板谈论养猪方面的问题，二人有时候还相约一起出去玩儿，从不谈论业务。在出去玩儿了几次之后，猪场老板按捺不住了，就问崔健："你不是动物医药的销售员吗？为什么从来都不跟我谈业务呢？"崔健回答道："我来找你是因为我们已经成了好朋友，好朋友之间只能有纯粹的友谊和无私的帮助，不会掺杂其他商业动机的。"猪场老板看着崔健一本正经的表情，听着崔健掷地有声的话语，顿时被感动了，开始主动询问崔健有关兽药产品的问题，并开始尝试使用崔健的产品。经过不断的努力，该猪场老板最终成了崔健的重要客户。

　　崔健的明智之处在于先去建立人脉账户，并不断地进行充值，当这种人脉财富聚积到一定程度时，客户对崔健完全放下了戒备之心，成了崔健的朋友，并用"长期合作"作为对崔健的回报，这让崔健从中受益颇丰。

很多人在建立人脉圈之后就认为万事大吉了，就可以与这些客户进行交易。殊不知，这种人脉关系也只是一种纯粹的买卖关系，这种销售员是不会做长久的。建立人脉账户的目的虽然是为了获取更多的盈利，但如果不去好好经营，人脉是很难发挥其巨大潜能的。所以，平时你应当多去"烧高香"，而不要想着"临时抱佛脚"。销售员可以经常定期上门拜访老客户，并且每逢节日的时候就给他们送上一份特殊而有意义的礼物，甚至在大家休息、闲暇的时候组织一次聚会，这样能够提供一个让客户经常见到你的机会，同时还能拉近彼此之间的关系。更重要的是，在他们有产品需要的时候，能够在第一时间想到你。

3. 让销售充满人情味

如今，市场竞争空前激烈，消费领域也不例外。销售员一味地像以前一样用传统方式推销自己的产品，把自己与客户之间的关系界定为单纯的买卖关系，显然已经行不通了。销售领域拼的不仅是产品的品质、价格和服务，更需要有浓郁的"人情味"。在销售当中时常添加一些"人情味"的元素，让那些注重情感价值的客户充分满足情感需求，进而愿意与你成为生意之外的朋友，给你带来更多的成交机会。

案 例

有一位非常年轻的富二代客户，听说不锈钢管生意比较好做，于是联系到了销售经理王涵，在经过两次电话交谈之后，这位客户亲自来王涵所在的工厂看样品。然而，在详细的交谈过程中，王涵感觉到这位富二代客户对于不锈钢管来讲是地地道道的"门外汉"。他只是从感官上觉得不锈钢管够圆，表面够亮，又在攀谈中觉得王涵是一个实实在在的人，于是就要求马上签合同，准备要50多万元的货。王涵觉得这位客户实在是太冒险，建议这位客户先购买一些试单，看是否

| 销售就要会沟通

> 适销。可能是这位富二代太过年轻比较冲动的缘故，他并没有听取王涵的劝告，所以王涵只好听从，签了协议，付了三成定金。之后这位客户就去东莞考察市场，而王涵所在的工厂就开始生产了。
>
> 　　按照合同内容，分批交货，首次交货一半的不锈钢管，之后一星期，所有的货生产完毕。可是这位客户进展得似乎没有想象的那么顺利，他似乎并没有打开销路，有的客户甚至在谈好之后却毁约了。这位客户因为失败而选择了放弃，并告知王涵剩下的不锈钢管子不想要了，可此时这位客户在王涵这里还有8万元的定金。按照合同，单方毁约，就完全可以按照协议不退还定金。但是客户知道自己理亏，便与王涵商量希望能退回4万元定金。王涵作为销售经理，在处理这方面的事情上还是有一定权限的，经过核算之后，王涵最后还是把8万元定金都退回给了客户。因为客户的违约，使得王涵所在工厂的库存积量增加，多多少少影响了生产计划，间接减少了利润，但也不至于亏空。于是王涵认为既然工厂不会亏，只是少赚了点，就没有必要扣除客户的8万元定金了。客户听了，感觉王涵在商场上做生意非常有"人情味"，虽然自己生意失败，却把王涵看作自己的朋友，将自己的人脉介绍给王涵，不少人成为王涵的客户。而王涵虽然失去了这笔生意，却因为多了一点"人情味"，换来了更多的成交机会。

　　王涵的做法实际上就是在销售"人情味"，因为自己是个有人情味的销售员，换来了客户对他的好感。所谓"买卖不成仁义在"，客户通过介绍人脉给王涵，作为王涵当初让他感受到"人情味"的回报，最终实现了双赢。

4. 价格细分，小数字更容易被客户接受

　　人们买东西的时候往往有这样一种感觉，一件物品如果报价是4万元和4000元两种，客户会觉得4万元的价格贵了，对比之下，4000的价格

就会让客户觉得好便宜。的确是这样，人们在购物的时候，通常对价格低的物品更感兴趣，即便是对价格有所计较，那他们也更愿意接受一个小点的数字。

如果客户听到销售员的报价后，陷入了犹豫之中，或想要跟销售员砍价。这时候销售员直接降价不是明智的做法。这样做只会让客户觉得销售员报的价格虚高，这么轻易松口，肯定还能再砍砍。于是，销售员和客户就会陷入砍价的拉锯战。遇到这种情况，销售员可以换个思路，既然客户不接受大的数字，那就报给他小的。

案 例

梁先生是一家药店的销售。有一次，他接待了一个宝妈。

梁先生："请问您需要什么？"

宝妈："我想买体温表，孩子发烧呢，家里的体温表打碎了。"

梁先生："那建议您用这个电子体温表吧，8秒读数，电子显示更准确。"

宝妈："越来越先进了，这个多少钱？"

梁先生："50一支。"

宝妈："太贵了吧，还是要那种老式的水银泡的吧。"

梁先生："是比老式的贵点，但是这个不会像水银体温表那样容易打碎，孩子不会因此有划破皮肤、误吞水银的危险，水银对人体可是剧毒的。"

宝妈犹豫了一下说："我还是觉得有点贵，一个体温表，每年也用不上几次，谁能总是量体温。"

梁先生："其实现在体温表的用途很广，现在疫情期间，体温是咱们的基础监测方式。孩子上学入园之前需要在家测体温，家里有人生病，第一时间就是量体温。而且像这个体温表，不怕水不怕摔，正常用个三五年不是问题，按照使用三年，每年使用150天计算，平均每次的使用成本才1毛多点，但是它的安全系数可高多了，测量也不需要那么长时间，这不是很划算么。"

销售就要会沟通

> 宝妈听完梁先生的话，稍愣了一下，说："也是。"
> 就这样，宝妈买走了这个50元的体温表。

在这次交易中，梁先生一改之前的销售计划和策略，将体温表的价格缩小了单位，让价格变成了一个很小的数字，加之这款产品的性能有诸多突出之处，客户自然能够接受这样的产品。

所以面对砍价的客户，销售员可以把价格换一种方式报给客户，数字越小，客户越容易接受。

5. 赠品的价值不能忽略

如今的销售中，赠品似乎是一个销售员和客户默认的必需品，销售中少了赠品就像菜肴中少了一种味道。商家都把赠品当成一种吸引客户的方式。但赠品也是有成本的，如果无条件地赠送给客户，那商家的利润就会进一步降低。

赠品在客户眼里虽然是附赠的，但商家不能把它当成无条件的附赠，它的价值应该包含在商品的定价里。

案 例

> 小姜在小区门口开了个便民超市，生意还算红火。街坊邻居也都喜欢照顾小姜的生意，因为小姜做事很活泛，经常给客户抹个零头或附赠点东西。他这小超市经常热闹非凡，欢声笑语。
> "小姜，今儿这菜新鲜，多给我来二斤！"
> "行大姨，顺便送你点香菜，回家做个汤。"
> "小姜，帮我看看单子上这些我买齐了没有啊？"
> "刘叔，单子上是齐了，但是还差俩鸡蛋，有西红柿没鸡蛋那不够意思。送您几个，回去吃一顿儿。"

· 206 ·

第十七章 | 讨价还价：让客户感觉物超所值

> ……
> 虽然小姜超市里个别商品的价格比菜市场价格稍高，但是小姜服务好，从不缺斤少两，不忙的时候主动送货上门，不管花几块钱买东西几乎都有点赠品，这样一来，小区的老老少少都喜欢到小姜这买。周围先后几个超市都倒闭了，只有小姜这里盈利颇丰。

案例中，小姜很会做销售。虽然他售卖的东西不是最便宜的，但他做生意很活泛，深得邻居的心，抹个零，送点东西，客户就会高高兴兴地来捧场。正品和赠品，薄利多销，综合计算下来，小姜的利润仍很可观。

既然销售中赠品必不可少，那作为销售员该赠的就必须赠，但可以把赠品的价值悄悄计算到商品价格中。比如，某件衣服售价 200 元，成本价是 120 元，且不论这个价格高与不高，客户定是要砍价的，客户的心里价位是 180 元，那么销售员可以提出，这是全国统一价，不过可以赠送客户一条围巾，客户可以挑一个花色。一条围巾的成本是 10 块钱，这样销售员以 200 元的价格售出一件衣服和一条围巾，利润还多了 10 元。销售员和客户皆大欢喜。这便是销售的一种变通艺术。

6. 保护客户利益，让客户觉得值

你在与客户利益同享的时候，首先应当保证能够给予客户正常的利润空间，如正常的销售差价、月度返利、季度返利、年终返利、规模返利等，这些都要首先为客户作出保证。因为这是客户利润的主要来源。如果不能给客户保证正常的利润空间，那么客户的利润就会大打折扣，客户就很容易流失，交易就很难顺利进行。

案 例

王家庆是一个股票业务员，在一位客户大量购买基金时，王家庆

| 销售就要会沟通

> 发觉股市的风险明显加大,他保持理性,建议客户暂停购买基金,并大面积帮客户赎回基金,帮助客户避免了股市大波动带来的巨大经济损失。王家庆的这一举动增加了客户对他的信任与专业水平的认可。经过几轮大跌,风险释放,王家庆再次帮助客户适量配置偏股型基金与债券基金,累积销售超过了2000万元。
>
> 王家庆发觉股市风险即将来临,却没有置客户于不顾,而是赶紧提醒他们暂停购买基金,在保住了客户财产的同时,也相当于保住了自己的客户,成功取得了客户信任,有效提升了自己的销量。

都说商人无利不起早。做生意的目的就是盈利,这本是无可厚非的事情。但有些销售员为了最大限度地获取利润,不惜以损害客户利益为前提,这样虽然从眼前来看,你的确是赚了,但从长远利益来看,你则是亏损的。因为客户"被宰"一次,就足以让他们吃一堑长一智,日后自然不会在你这里"栽"第二次。然而你所面临的就是全力寻找更多的新客户,弥补老客户流失的损失,以此来维系你的持续盈利,这就是著名的"漏斗原理"。你可能在一周内失去100个客户,此时你就需要得到另外100个新客户,从表面上看你的销售业绩没有受到任何影响,而实际上为争取这些新客户所花费的宣传、促销等成本显然要比维护老客户要昂贵很多。站在销售员投资回报程度的角度来看,这样的做法是非常不经济的。

要避免这种恶性循环,唯一的方法就是在你自己盈利的同时多考虑客户的利益。为客户利益着想的一个重要方面就是为客户省钱。你能为客户省钱,也就相当于给了客户一定的优惠,客户自然会高兴不已,自然愿意与你长期建立合作关系。所以,销售员得有和客户一起并肩作战的心理,让客户获得看得见的优惠。

7. 注意:让客户认同你比认同价格更重要

在与客户打交道的过程中,难免会遇到各种利益上的争执、人情上的纠

第十七章 讨价还价：让客户感觉物超所值

结，但如果你过于泾渭分明，不懂得迁就客户，是很容易在客户内心深处埋下抱怨的种子的。所谓"水至清则无鱼，人至察则无徒"说的就是这个意思，太过于清澈的河水，一眼能够见底，鱼儿就不会有容身之处了。

所以，你与其埋怨、迁怒于客户，不如多一些宽容和理解，迁就客户的个性或习惯。一旦客户察觉到你这种包容和体贴，将会在心里认同你，把你当作他最亲密的伙伴，给你带来无限的商机。

案 例

涂磊是一家家具定制公司的销售员。一天，一位老客户主动上门找涂磊，想定制一套家具。这次要求的数量并不多，时间也比较急，是个很急的单子。在经过一番交涉之后，双方约定十天后交货。

第二天下午，客户送来了样品。接着涂磊马上到模具科找到了开模师傅，让开模师傅照做。由于时间太过紧张，等模具做出来的时候也到下班时间了。而第二天就是星期天，要放假一天，所以中间还得耽搁一天。

到了第四天，客户突然到访，提出要看样品，看了样品如果满意的话就立即生产。涂磊感觉非常抱歉，因为产品最后的收尾工作还没有做好，所以只能次日把样品快递给客户。客户听到这样的消息，神情马上变得十分严肃，最后无奈地离开了。涂磊看着客户远去的身影，心里一阵紧张。

第五天的时候，客户收到了涂磊寄出的样品，感觉样品还算中意，于是打电话给涂磊，并询问能不能在三天的时间里把全部定制的家具做出来，另外再加一倍的数量。涂磊急忙去问老板以及生产主管，结果答复是最快也需要五天时间才能完成。

无奈之下，涂磊只好如实告知客户，这段时间排单比较紧，最快也要五天时间。客户听后若有所思，但却没有多说，只是告诉涂磊要回去考虑一下。结果，这位客户又另找了一家公司为他定做家具了。这样，涂磊就眼睁睁地看着到手的机会从手里飞走了。

> 事后，涂磊十分懊悔，在这件事情上自己应当承担很大的责任。这个单子急，却因为他没有和公司的生产部门等妥善协商，使得客户在着急中一共等了五天时间，自己却没有很好地迁就和配合客户，没有加班加点出货满足客户要求，很可能会永久失去这位客户。

事实上，与客户相处，无论是满足客户的普通要求还是特殊需求，都应当尽职尽责、尽心尽力，让客户充分认同你。作为销售员，你的任务就是让你的"上帝"能够满意你推荐的产品和提供的服务，如果你得不到客户的认同，那么你将失去很多商机。

第十八章

促进成交：话说到位，成交水到渠成

很多时候，在客户提出要求的时候，销售员就会无言以对，只能一直强调产品的优势和价值。这样一来，客户觉得销售员就是在强行推销，反而不会与这样的销售员成交。销售员的话说到位，成交才会水到渠成。

| 销售就要会沟通

1. 激起客户的"尝鲜欲",激发其购买欲

在现有的目标客户中推出新品促销活动信息,可以通过"促销"的方式激起人们的好奇心和"尝鲜欲"。因为,多数人认为,"促销"一定可以享受到折扣价、优惠价,甚至还可以获得赠品,更重要的是可以率先使用新上市的产品,让自己既省钱又有面子,这样就更能激发其"尝鲜"心理。

案 例

张亮被上级派发的任务是将刚生产的摄像机投放市场,并且给其定了最低销售指标。这对于张亮来讲,一款新品刚刚上市,要想快速占领大片销售市场是有一定困难的,且需要一定时间。于是,张亮在现有的目标客户群中广发新品限时限量的促销信息,尤其是针对那些平时喜欢跟风、追逐时尚的年轻人发起"攻势"。事实证明,张亮的这种做法十分奏效,有一大批客户争相报名,希望能够"尝尝鲜",因而张亮投放市场的500件新品在1天时间内很快一抢而空。接下来,张亮将新品恢复原价售卖,此时新款摄像机的良好口碑已经在广大民众中建立了起来,即便是原价也有不少人愿意购买,也想体验一下新款摄像机的全新功能,成为当前这股时尚潮流中的一员。因此,在半个月的时间里,这款摄像机就已经脱销。

张亮的成功,是因为他能够洞悉和掌控广大消费者的"尝鲜"心理,并借助一定的销售策略,帮助其在短时间内达成销售目标,这是其他销售员应当多加学习和借鉴的。

俗话说:"兴趣是最好的老师。"一切动力的产生都是源于最初的兴趣。世界著名的推销专家海因兹·姆·戈德曼总结出的一条推销公式——爱达公式,其中讲到四个销售步骤:引起注意、引发兴趣、激发欲望、促成交易,

而其中被认为最重要的一环就是引发兴趣。的确，对某领域有较强兴趣的人，销售员能激起其强烈的"尝鲜"欲望。

当你推销的一款新品正好是客户在这方面感兴趣的产品时，客户就会积极寻找有关产品及使用等方面的信息，通过这些信息，他们会加深对产品的了解，从而进一步激发购买的"尝鲜"心理。这种形式是源于客户对某产品产生了一种强烈的好奇和兴趣，并最终将这种好奇和兴趣转化为购买力。

2. 将客户心理作为销售策略制订依据

销售就是销售员和客户之间的一场博弈，销售员要想取得胜利，就要清楚客户的心理，知道客户在想什么，这样才能针对客户的所思所想制订相应的销售策略，也可以根据交流过程中客户心情和思想的变化，及时调整销售话术和销售策略。抓住了客户的心理，就等于抓牢了客户。

案 例

很多人都喜欢购买打折商品，因为能用低价买到好货。其实，打折是很多商家的一种变相的赚钱方式。通常，商场打7折、8折是常见的，打5折已经是很少见的了。但日本东京有一家银座绅士西装店，这里首创了"打1折"的销售方式，并且轰动了整个东京。当时销售的商品是日本的"GOOD"。他们的销售策略是这样的：首先定出打折销售的时间，第一天打9折，第二天打8折，第三、四天打7折，第五、六天打6折，第七、八天打5折，第九、十天打4折，第十一、十二天打3折，第十三、十四天打2折，最后第十五天打1折。看起来好像是最后两天买东西是最优惠的，但实际情况是这样的：由于前期宣传的效果很好，所以在第一天的时候，很多顾客抱着猎奇的心态只是进来转转。从第三天开始，一群一群的顾客蜂拥而至，到第五、六天打6折的时候，顾客

| 销售就要会沟通

> 像洪水一般涌来开始抢购，商品被抢购一空。有不少顾客因为没能抢到心仪的商品而感慨："错过了抢购的最好时机。"

不少人认为商家肯定是"疯了"，如此疯狂促销，顾客如此疯狂抢购，商家肯定要赔本。但实际上商家运用独特的销售策略，把自己的商品在还没等到打1折的时候就全部售罄。显然，商家所谓的"打1折"实际上就是一种销售战术。

在佩服商家的这种销售战术的同时，我们不禁要思索一下，东京这家名叫"GOOD"的商家，一方面抓住了消费者爱贪便宜的心理，用限时限量折扣的方法刺激消费者的购买冲动，进而让没抢到的客户感觉遗憾；另一方面，调查显示，消费者的购买决定是在很短的时间内做出的，也就是说消费者是很容易因为冲动而产生购买行为的，而"GOOD"也充分利用按天进行不同折扣促销的方法刺激了消费者的购买欲望。

从商家的角度来讲，成功让产品一抢而空，是因为利用了消费者爱贪便宜的心理和冲动购物心理。而对于销售人员来讲，从"GOOD"的销售策略中加以借鉴，要审时度势，利用客户的这种爱贪便宜和冲动购物心理，促进客户的购买行为，最终达成交易。

3. 假设成交后的美好及放弃购买的后果

很多时候，你在苦口婆心地向客户介绍了产品品质、功能等诸多优点之后，客户依然无动于衷。出现这样的情况，很可能是因为你介绍的产品特点不足以激起其购买欲望，没有让其真正感受到拥有产品之后生活会发生什么样的改变，不购买产品将会出现哪些不良的后果。

案 例

> 彭辉是一家知名保健品的销售员。一天，一位大妈走进店内，准

第十八章 | 促进成交：话说到位，成交水到渠成

> 备给自己的老伴买两盒钙片。彭辉热情地问道："大妈，请问您有什么需要帮助的吗？"大妈一看是一位年轻的小伙子向自己走过来，回答道："买钙片。""那请问您是买普通钙片还是孕妇钙片呢？""打算给我老伴买两盒。你刚说还有孕妇钙片？""是啊。""不是只有老年人才会缺钙导致骨质疏松吗？孕妇是年轻人也需要补钙？可我年轻的时候生了三个孩子都没补过钙，现在不也好好的吗？""是的，大妈，您看啊，孕妇怀胎儿，等到胎儿长骨骼的时候，就会从孕妇身上吸收钙质，如果此时孕妇不注意补充钙质的话，就会经常小腿抽筋、牙齿松动，甚至还会出现妊娠期高血压疾病，这不但对孕妇身体不好，也不利于胎儿的发育。您说的当然有道理，在您那个年代是很少有人注重孕期补钙的。一方面是这一知识没有得到普及，另一方面是那时候没有网络、电视，所以人们消息比较闭塞，很少听说有孕妇、胎儿缺钙的消息。但现在咱不都有这条件了吗？也不差买钙片的钱，您想想，如果在怀孕期间不补钙，一旦导致孕妇和胎儿缺钙，到时候花去治病的钱可是现在的几十倍甚至几百倍啊！"大妈恍然大悟："这么说还会影响胎儿健康？那我儿媳妇现在怀孕两个月，我得给我儿媳妇也来两盒先补着。"于是，彭辉一会儿工夫就卖出了四瓶钙片。

显然，彭辉在给这位大妈强化了孕妇不吃钙片的不良后果之后，刺激大妈欣然购买了原本并不在购买计划范围之内的商品，最后双方各得其所，皆大欢喜。强化不买的不良后果这种销售策略，在销售过程中激发客户购买欲望的作用是非常强大的。

4. 用激将法给客户添一把火

客户在最后做出购买决定之前，往往犹豫再三拿不定主意。这个时候，你要想让客户快速做出决定，临门一脚的激将法是关键。但是，在使用激将法的时候，也需要看清楚你所面对的对象是谁，同时还需要考虑当时所处的

| 销售就要会沟通

环境等因素，并不是随心所欲的滥用。因为过急，欲速则不达；过缓，无法激发对方的自尊心，达不到签单的效果。

案 例

先生陪太太逛商场，走进一家服装店，太太独自看女装，先生在看男装。销售员迎上来问道："姐姐，请问有什么需要帮助的吗？"太太十分冷淡地回答道："我自己随便看看。"

此时，销售员又转身走到先生面前问道："先生，您有什么需要帮助的吗？"先生说："我是陪你刚才说话的那位姐姐逛的，那是我太太。"销售员说："现在能花时间出来陪太太逛商场的男士已经很少了。您一定是位懂得疼太太的好丈夫。"此时，太太挑选了一件连衣裙，一直在注意太太动向的销售员走过来对太太说道："姐姐，这件衣服无论款式、颜色都非常符合您的气质，您要不要试试看，效果一定非常棒。"太太没有回绝，直接拿去试衣间。等太太出来后，销售员说："果然很棒啊，整个人的气质马上又提升了呢。"太太此时有些心动了，但一问价格，感觉太贵了。正当她犹豫不决的时候，销售员对这位先生说："您看您太太穿上真是光彩照人啊，这么好的穿着效果，您太太走在您旁边也一定能让您脸上有光。"先生说："还是让我太太拿主意吧。"销售员一看先生并没有拿主意买下的意思，于是打算激将，说道："丈夫给妻子买衣服是天经地义的，更能体现出您对她的满满爱意，您太太一定是一位会过日子的好太太。"先生回答道："是啊，我太太很会过日子的。"销售员继续笑着调侃说道："这么好的妻子，更应当好好犒劳她才是，您不会舍不得吧？"

话说到这里，先生的脸面有些挂不住了，于是和太太说道："喜欢就买了吧，反正也不差十块八块的。"随后就招呼销售员为他太太包起来，两人高高兴兴地离开了。

显然，销售员在这里使用的激将法奏效了。因为她能准确把握夫妻两人的心理，当妻子犹豫不决时，只要稍微"激"一下丈夫，就会碍于面子买下衣服。销售员在没有伤害丈夫自尊心的前提下，巧妙地利用客户的自尊心激将，让这位丈夫认为若自己连一件像样的衣服都舍不得给妻子买，这样会让人瞧不起。于是这位丈夫便拿主意买下了这件衣服。

5. 满足客户的"攀比"心

俗话说"人比人，气死人"，但即便如此，很多人还是喜欢攀比。攀比本身是客户的一种追赶时尚的偏好，他们想拥有别人已经拥有自己却从未拥有的东西，或者是别人有，但自己的一定要比别人的更好。在销售中，如果销售员能够利用人们的这种攀比心理，定能让自己的销量倍增。

案 例

小乔和小倩是大学室友。小乔家庭条件富有，平时吃穿用度都十分讲究。一天，她去逛一家商场，看到一条非常中意的连衣裙，于是就买下了。

回到宿舍之后，小乔换上漂亮的裙子，在室友面前炫耀起来。小倩来自农村，家境不如小乔，此时正在专心看书，被舍友的一通赞美打断了读书的思路。回头望着小乔穿着新裙子得意扬扬的样子，小倩顿时感觉如果自己有这么一条裙子，兴许会比小乔还会美上三分吧。

有一次，小倩和小乔出去，路过一家商场进去闲逛，小倩突然看到一条自己非常喜欢的裙子，在试穿之后，这条裙子就像是专门为自己量身定做的一样，无论款式、颜色、大小都让她满意，整体上都不输小乔的那件，甚至比小乔的还显得高大上。然而，回过头来考虑了自己的家境，小倩想算了吧，等自己毕业了赚了钱再好好打扮自己。正打算离开的时候，店员看出小倩对这条裙子的喜爱之情，于是说道："你看，这

| 销售就要会沟通

> 条裙子的款式是今年最流行的，花色是今年最时尚的元素，穿起来与你非常相配，就跟定做的一样完美。你现在还年轻，穿起来会更加美丽动人，等到我这个年纪，穿什么都不比年轻人有气质了。你们年轻女孩子经常来我们店光顾，都非常喜欢我们的风格呢。"
>
> 此时，基于强大的攀比心，小倩就想："是啊，凭什么别人能穿漂亮衣服，我就不能展示我的美呢？"最终，小倩咬了咬牙，一狠心买下了这条裙子。

不可否认的是，攀比心在这场销售活动中所起的作用是不可忽视的。小倩想要证明自己可以比小乔漂亮，最终还是下了血本。而这场销售在小倩攀比心理的作用下，轻松达成了。

所以，对销售员来说，如果能够利用顾客的攀比心理，并且进行合适的引导，往往能够点燃顾客的购买欲望，从而达到成功促销的目的。

6. 瘾式引导，让客户上瘾

在 21 世纪初期，美国著名经济学家、诺贝尔奖得主 Gary·S·Becker 提出了一条"理性成瘾理论"。他认为："当一个有理性的人对一件事持续关注的时候，他自然而然会引导到一个结果，就是上瘾。"所以，这一点完全可以应用到销售策略当中。因为做销售就是把产品卖给客户，你的客户越多，你的产品销量才会越高；你的客户越愿意追随你，你的销量才能得以持续提升。如果想要那些追随你的客户能够永久追随你，让他们在你这里消费成为一种难以自拔的"瘾"，就需要将他们培养成你的极端忠诚客户。

案 例

> 美国有一家公司专门经销煤油和煤油炉。公司创立之初，大肆刊登广告，极力宣传煤油炉的好处，但结果却不尽如人意，获得的收效

甚微，其产品几乎无人问津，货物大量积压，最终公司濒临绝境。

有一天，老板正大伤脑筋地思考着如何才能让公司转危为安，在不经意间突然灵机一动，让手下的职员登门赠送客户煤油炉。职员听到老板这样的安排大惑不解，认为老板肯定是发愁发疯了才这样做。但是看着老板那诡异的神情，也只能听从指示。

老板的这一指示让家庭主妇们大喜过望，一个个竞相给公司打电话索要煤油炉。不久，公司的煤油炉就被赠送一空。

当时，炉具还没有实现现代化，人们生火做饭只能用木材和煤炭。这时，煤油炉的优越性很快就凸显出来了，家庭主妇们简直一天也离不开它。很快她们发现煤油烧完了，只能自己到公司去买。当时煤油的价格并不低，但那些离不开煤油的人只能掏腰包购买。再后来，煤油炉使用的次数越来越多，渐渐地就用坏了，于是顾客们只好再买新的。

显然，这就是销售学中的上瘾销售，当你把商品当成了"上瘾品"，让人难舍难离的时候，还愁卖不出去吗？

想成功应用"毒品法则"，首先就要将自己售卖的产品打造成"毒品"，让客户离不开、戒不掉。这样的产品一定是与客户的生活息息相关的，并且要是消费者心目中的爆款，就像案例中的煤油和煤油炉一样。

7. 从众心理，让客户无法抗拒

在心理学中有一种叫作"羊群效应"的现象。羊群是一种很散乱的组织，平时它们会盲目地左冲右撞，但是一旦有头羊发现草场而行动起来，其他的羊也会不假思索地一哄而上，全然不考虑周围是否有狼群潜伏或者不远处是否有更好的草。简单地说，就是头羊往哪里走，后边的羊就会跟着往哪里走。这种"羊群效应"体现的就是一种从众心理。

人们之所以产生这种凑热闹、随波逐流的行为，完全是在从众心理的驱

| 销售就要会沟通

使下而表现出来的。看到别人购买，就会盲目地认为这么多人选择的一定不会有错，所以也就对产品产生了信赖感。

销售人员在摸透大众的从众心理之后，就可以借助这种从众心理开展销售活动。

案　例

日本"尿布大王"多川博在创业之初，主要是销售雨衣、防雨斗篷、卫生带、尿布等日用橡胶制品的综合性企业。由于公司所经营的产品在市场中没有任何特色，所以销量一直很不稳定，公司一度面临倒闭的危机。一个偶然的机会，多川博从一份人口普查表中发现，日本每年大约有250万婴儿出生，于是多川博灵机一动，如果每个婴儿用两条尿布，那么一年就需要500万条，这是一个非常不错的商机。于是，多川博决定放弃尿布以外的所有产品，对尿布实行专业化生产。

全新的尿布采用新科技、新材料，质量上乘。公司也花了很大一部分资金去为新品尿布做宣传，但是令人遗憾的是，起初生意十分冷清，产品无人问津。多川博在情急之下，想出了一个好办法。他让自己的员工假扮成客户，排长队购买尿布，一时间，公司店铺门庭若市，长长的队伍很快引起了人们的关注，很多人好奇"这么多人排队是在干什么？""什么产品如此畅销？"这样就营造了一种尿布十分畅销的氛围，很多人也开始从众去尝试购买。随着产品销量的提升，越来越多的人对于多川博的尿布表示认可，多川博的尿布也因此而走上了出口的道路，在世界各地广开销路，为人们所熟知。

显然，多川博深谙从众心理所带来的巨大效应，充分利用了"大家都在买，我也要去买"的心理，成了销售界学习的典范。销售员在销售的过程中，不妨利用客户的这种从众心理，减轻客户对产品风险的疑虑，从而促成交易。对于新客户而言，这种心理可以有效增强其对产品的信赖感。

8. 注意：大家都有的优惠不如个性化的优惠

销售员为了促成成交，经常给客户会员价、发放优惠券、开展促销活动等，但客户往往认为这样的优惠是人人都能享受到的，自己没比别人多占便宜，所以普通的优惠方式不足以激起客户强烈的购买意愿。

针对客户的这种心理，销售员还可以采用的一种有效的成交手段就是：暗地里的优惠。暗地里的优惠，顾名思义就是避开大庭广众的场合，在私底下给客户优惠。这种优惠方式可以给客户带来意想不到的惊喜，让客户感觉获得了差异化对待，有"占了便宜"的感觉，自然会抓紧时机下单。

案 例

超市销售员小顾专门负责洗发水的销售。超市周年店庆期间，洗发水专区搞促销活动，满199减50。不少顾客认为这次的店庆促销活动给自己带来了极大的实惠，于是争相购买。然而顾客小冉虽然有些心动，但想到上周末刚买了一套洗发水，就对促销活动没那么大兴趣，于是小冉用理智战胜了购买的冲动。顺着洗发水专区扫了几眼，正打算离去的时候，小顾便过来跟小冉搭讪："女士，请问您有什么需要帮忙的吗？我们店内这几天店庆，今天是最后一天，所有的洗发水跨品牌满199减50的。这可是一次难得的'占便宜'机会呢。"小冉回答道："嗯，是挺划算的，可我上周刚买了一套，现在还不需要再购买。"看着小冉并没有心动，小顾继续说道："您即使现在不需要，也可以先囤货嘛，我们的产品都是最新的生产日期，保质期三年，您现在买到了就是赚到了。"小冉依旧一副非常淡定的神情，故意试探地问道："可以再优惠点吗？"小顾笑着对小冉摇了摇头，并时刻观察着小冉的一举一动，以便做出更加准确的判断。此时，她发现小冉又要离开，便不慌不忙地说道："我们这里是有规定的，说满减促销就是满减促销，

| 销售就要会沟通

> 不过我可以私底下送给您一些赠品,这样您岂不是买得更加划算?"小冉听到这里,眼前一亮:"什么赠品呢?"小顾带着小冉到一个顾客少的地方,拿出了一套小的洗护套装:"您看,这个小的洗护套装,小巧实用,您外出旅游的时候带着它既方便又不会因为体积大而给您增加负担,而且是我们售卖产品中今年推出的新品。您看那边,大瓶的 500ml 的售价都 98 元,这个洗护加起来 100ml,折合下来,送您这套赠品,相当于给您又优惠了 19.6 元,将近优惠了 20 元呢。这可是其他顾客享受不到的,实在是太划算了。您认为呢?"小冉心里一合计,确实划算不少,而且出差时带着确实很方便,最终果断购买了。

小顾的销售成功在于善于抓住适当的时机推出暗地里的优惠,让客户感觉自己的确占了便宜,不买就是"亏",所以让顾客从原本"不打算购买"转变为"果断购买",可见小顾这种"用暗地里的优惠让客户感觉自己占了便宜"的销售策略成功促成了客户下单,给顾客成功"洗脑"。

第十九章

售后服务：让客户感受到始终如一的温暖关怀

俗话说："有多大能耐，许多大的愿"。售后服务就是销售员向客户许下的愿。能够让客户愿望成真，客户就会更加忠实。销售员一定要知道，售后服务对客户来说至关重要。没有售后服务，就是一锤子的买卖；而优质的售后服务，更能让客户忠实于你的产品，从而提升复购率，给公司带来更高的利润。

1. 人人渴望的 VIP 待遇

几乎人人都有虚荣心，希望获得多于别人的关爱、优待等，以此来满足自己的虚荣心和优越感。可见，专项 VIP 待遇是销售员对客户进行魔力"洗脑"的有效销售手段。

"VIP"是"Very Important Person"的简称，译为中文的意思是"非常重要的人""贵宾"。这是很多商家鉴于竞争而使用的一种销售手段。但凡成为某个品牌的 VIP，都可以享受普通客户、普通会员无法享受的待遇，如生日祝福和礼物、优惠折扣、返利活动、免费维修等专享权利。如果客户能够享受到 VIP 待遇，就会获得一种至高无上的优越感，这种优越感是一种虚荣心的极大满足，更是一种身份和地位的象征。

案 例

> 王太太经常去一家女子会所消费，于是会所的经理向王太太推荐了 VIP 会员卡项目。王太太考虑后觉得非常划算，于是就办了一张 VIP 卡。
>
> 一次，王太太带着自己的朋友去这家女子会所做 SPA，结束后，王太太去前台结账，她出示了自己的 VIP 会员卡，服务员接过来一看，是老板亲自签名的会员卡，立刻满面笑容，不仅做 SPA 给王太太打了七折，还赠送了王太太一瓶法国知名的按摩精油。这让王太太省了不少钱，而后王太太和朋友在休息厅休息的时候，经理还亲自送来一盘水果布丁，说是自己请客，希望她们下次光临。这一切让王太太觉得自己在朋友面前十分有面子，一股优越感油然而生。此后王太太也经常带不同的朋友来这家会所消费，也有不少朋友想要办 VIP 会员卡。

可见，一张小小的 VIP 会员卡，让王太太在朋友面前大有面子，获得了足够的优越感，而这些却是每一个消费者都希望获得的高规格待遇。据调查，23% 的持有 VIP 卡的客户，在办理 VIP 会员卡的时候都是为了满足虚荣心，26% 的人是因为商家的推销而办理的，还有 15% 的人是抱着"别人有我也必须得有"的心态办理的。这个调查数据说明，你的客户大多想要得到 VIP 待遇，而推销能否成功就看你能否把握住客户的这种虚荣心、优越感。

2. 同类产品对比，让客户吃下"定心丸"

"没有对比就没有伤害"，但同时"没有对比就没有信赖"。销售员用同类产品进行对比，是向客户做的最好的说明，客户从对比中能够找到产品的差异，更好地凸显产品优势，让客户买得更加放心、使用得更加安心。

案 例

为了让消费者更加了解产品品质，海尔旗下某区的销售经理计划举办一次拆机对比，让客户见证海尔空调过硬的质量。在活动现场，三台尺寸大小存在显著差异的空调室外机在众目睽睽之下被搬上了"擂台"。技术人员一边拆机，一边向台下的消费者介绍和讲解："室外机尺寸大意味着冷凝器散热面积大，不仅比普通空调制冷、制热的效果更胜一筹，运行过程中也更加省电。"

技术人员通过现场拆机，将空调制冷、制热、省电、质量好等优势一层一层地告诉消费者，消费者通过空调机的材料选择、制造工艺、质量、噪音等多方面的差异对比，深刻感受到了海尔空调更加安全、安静、舒适、优质的使用体验。所有这些都深刻地触动了消费者的神经，不少观看室外机现场拆机质量对比的消费者直接表示："空调还是海尔质量好，以后购买空调就选海尔。"当然也有不少有空调需求的消费者现场订购了自己心仪的空调机型。

可见，海尔空调的这次拆机对比见证给产品品质做了很好的见证，也让消费者对海尔空调有了更多的了解，这无异于给客户吃下了一颗"定心丸"。

无论是成交前还是成交后，客户都会拿自己买的东西和其他产品再去对比。销售员和商家在售后服务中也应该主动为客户创造对比的机会和技术条件，从专业的角度，通过这样的对比让客户有种"买对"的得意，也让更多的潜在客户认识到产品的品质和商家的信誉无可挑剔。相信经过这样的对比之后，商家会收获更多的忠实粉丝。

3. 定期回访有助于成为回头客

在销售界有这样一个经典结论：80%的业绩靠20%的老客户来完成。从这句话中，足见老客户对于销售业绩的贡献之大。销售员要想有辉煌的销售业绩，就要靠老客户的支持。那么，怎样才能让新客户成为老客户，从而壮大自己的熟客队伍呢？回访便是解决问题的关键之一。

回访可以增进销售员与客户之间的联系，使销售员充分了解客户对产品的使用情况和发现的问题，帮助客户更好地使用产品，使产品充分为客户带来便利、创造价值。

案 例

桃子是某品牌电脑的销售员，他们为个人客户和公司客户提供各种类型的电脑装机服务。公司有四五个销售员，但是桃子每个月的业绩都是第一。

原来桃子有自己的客户秘籍。电脑是个消耗品，但新机组装后一般两年内不会出问题，所以在这个"稳定期"内，其他销售员与客户几乎没什么联系。但是桃子不一样，她给自己列了一个时间表，这个时间表是关于客户回访的，新机为客户安装完毕，一周内进行第一次回访，四周内进行第二次回访，半年内进行第三次回访，一年、一年半、两年……

桃子的回访让客户觉得桃子不是甩手掌柜，拿到提成就消失，而是在密切关注客户的使用情况，并充当了售后顾问的角色，客户有什么问题，桃子也可以电话指导解决，桃子解决不了的问题，也会及时联系公司的维修部分上门服务，保证了客户机器的高效运转。客户评价桃子是知心人、及时雨。

因为桃子的优质售后服务，客户淘汰旧机、组装新机都会找她，甚至有时候桃子可以和客户开玩笑："吴总，这个月好凄凉，需要支持呀。"客户不但不生气，反而笑着说："难得饿肚子，××公司的杨总近期有需求。"

就这样，桃子的客户就像会裂变一样，越来越多。

案例中，桃子是一个很会利用回访发展客户的销售员。回访代表着销售员对客户的关心，能让客户感受到销售员一如既往的热情和不离不弃。相比那些杳无音信的销售员，客户更喜欢接受桃子的回访，做桃子的回头客。

销售员在卖出东西之后就对客户不理不睬是大忌，这样不但客户会很快忘记你，而且他们会觉得这样的销售员实在是不专业，也许根本没想在这个岗位上长久做下去，除非产品有问题，否则客户又怎会主动联系这样的销售员，做他的回头客呢？

4. 给足承诺的售后服务

销售中，客户想要花同样的钱得到更多的东西，于是付款前就会向销售员要求更多的东西和服务。销售员为了和客户成交，在客户提出要求之后也会尽量去满足，比如将免费维修服务从3个月延长到5个月，从质保半年延长到质保一年。对于售后服务，有些销售员觉得，售后就与自己没关系了，先卖出去再说。其实，这样的想法很危险，一旦对客户的服务承诺不能兑现，

| 销售就要会沟通

客户就会投诉商家和销售员，最糟糕的是客户会给商家和销售员差评，从而终止其他后续合作，也给公司的长远发展带来不利影响。

案 例

> 马红和冯正都是某家具厂家的销售员。马红做销售小心细致，尽量不让客户挑毛病。但冯正就完全相反，做事嘻嘻哈哈，一点都不严谨。
>
> 有一天，公司接到一个投诉电话，是冯正的客户打来的，投诉销售员冯正不履行合约。原来客户在一年前买了该厂的家具，当时就是冯正成交的。冯正答应客户可以终身免费补漆。可谁知才一年的时间，餐桌四条腿中部的漆就被椅子碰掉不少，于是客户打客服电话要求上门补漆。不想服务部拒绝了客户的请求，说一年的免费服务时间已过。
>
> 接到电话，公司高度重视，便派老销售马红处理此事。马红与客户取得了联系，并带上补漆工具来到客户家里。补完漆，客户与马红一通抱怨，马红安慰客户说："这事是我的同事做得不对，按照公司规定，我们的免费维修确实是一年时间，但我愿意就免费补漆这项服务履行他的承诺，您瞧我这手艺还过得去吧？"
>
> 客户围着修好的桌子转了两圈，点点头说："行，这承诺算数就行，那我以后可就麻烦你了哈。"
>
> 马红客气地说："应该的，您随时打我电话，一有空我马上就来。"说完，马红又把客户家具的螺丝检查一遍，看有没有松动，确保家具的使用结实、稳定。
>
> 客户对马红的服务非常满意，马红离开时还给她带上了自家制作的小点心。

案例中，冯正就是一个糟糕的销售员，如果他向所有的客户都有过超出公司规定的承诺，相信客户对他的投诉定不会少，客户流失的也不会少。但是马红就做得非常好,她不但代同事履行了承诺,而且解决了客户的烦恼,并给出了客户其他附加服务,让客户满意和信任。

销售中,信任和承诺是不可缺少的两个要素。销售员给客户的承诺必须是符合公司规定的或者自己一定能履行的承诺。否则到了承诺无法兑现时,销售员就会失去客户的信任。

5. 客户投诉也要礼貌对待

做销售就怕投诉,被投诉意味着客户给销售员打了差评,对销售员的某些方面不满意,甚至因为和销售员成交的订单使自己或周围的人遭受了损失。

客户投诉,虽然会影响销售员的奖金或晋升等,但销售员要正确对待客户的投诉,千万不能比客户的火气还大,如果真是这样,那客户对这样的销售员真是失望透顶了。销售员这样做不仅不能弥补客户的不满,反而会让客户更来气,甚至会因此而丢了客户、丢了工作。

案 例

春华旅行社近几年的发展非常好,公司的几个业务员都沾了政策的光,职业发展也顺丰顺水。特别是业务员笑笑,在公司工作3年,积累了不少客户。

但是近期笑笑遇到了一个头疼的投诉。这是上周接的一个团,是某公司的集体旅游活动。笑笑在最初与客户谈判确定路线和费用的时候,行程中的缆车自费项目没有与客户交代清楚,导致在实际中,该公司体力较差的员工对于自费缆车产生了很大的情绪,并且大闹公司小气,缆车费用不报销,影响非常恶劣。没办法,公司相关负责人只好投诉笑笑。

笑笑收到公司投诉通知,立马与该公司负责人联系,表示一定会

| 销售就要会沟通

> 妥善处理员工的情绪。笑笑趁中午吃饭时间，到该公司走访，并与那名员工会面，当面向其道歉说责任在自己，没有把这项费用提前交代清楚，责任并不在公司，实际上这个旅行，公司为每位员工的开销已经超过2000元，公司非常希望给员工提供良好的福利待遇来提升员工的满意度。
>
> 这位员工的情绪稍缓和了些，也对自己之前的无礼行为表示歉意。为了留住这个团体客户，笑笑当即向该公司的员工签发了附近水上乐园的通票，全部8折，并给出了这位员工更大的优惠，以弥补她的损失。
>
> 公司上下对春华旅行社、对笑笑的服务都很满意，纷纷表示旅游一定找春华、找笑笑。

笑笑因为自己的一个小疏忽遭到了客户投诉。但她用自己的机智和一点利益损失重新得到了客户的信任。笑笑十分明智，面对客户的投诉没有与客户对着干，反而非常礼貌、机智地消除了客户的烦恼，并且有一个美好的结局。

事实上，不是所有的销售员都能像笑笑一样做得这么贴切、完美。面对客户的投诉，也许他们要做的第一件事就是争辩、推卸责任，诉说自己的委屈和无奈。其实客户投诉你，不是想让你付出怎样的代价、给出巨额的赔偿，而是想发泄一下自己的烦恼，表达自己的不满。如果销售员能够在第一时间礼貌地与客户协商解决方案，消除客户的怒火和烦恼，事情也就顺理解决了，客户也就满意了。

6. 注意：收款前后大相径庭要不得

有些销售员把成交和业绩看得太重，只要能成交，只要能提升业绩，不必计较手段光彩不光彩，对客户负责不负责。特别是收款前后，收款前态度非常恭敬，真的把客户当成"上帝"；收款之后，客户再想向销售员咨询或需要售后服务就得不到保障了。

这样的销售员客户很不喜欢，因为客户感觉销售员的服务并不到位，好

第十九章 | 售后服务：让客户感受到始终如一的温暖关怀

像就是为了掏他的腰包，掏完就扔掉一样，有种受骗的感觉。这样的销售员事业必不长久。

案 例

小凤是个空调专卖员，却不是一位优秀的销售员。有一次，小凤接待了一个客户，新装修的房子，需要4台空调。小凤都按照客户的要求匹配好了。填完单子，小凤带着客户到收银台办完了所有的开票和出场手续。客户还想再逛逛，就在店里停留了一会。这时候，小凤开始接待其他客户了。

忽然，这个客户对店里的某款空调产生了兴趣，就转身问小凤："您好，这个智能送风是什么意思呀？"

小凤听到客户的问话，回过头来说："您先稍等。"

客户又继续看，忽然又问："您好，咱这里有那个每晚1度电的空调吗？"

小凤听了，轻轻"哼"了一声，轻蔑地说："都想这好事，这样的空调有多少我要多少。"

客户没作声，还在继续看，这下客户看得仔细了，对比了不同型号的机器参数，忽然又问小凤："我刚订的那个空调是不是没这个节能啊？"

小凤差点吼起来："您订都订了，怎么又纠结这了？"

客户非常气愤地说："你明明知道这个问题，为什么不提醒我，我要换款，要不就退货。"

店里的气氛一下子凝固了，新来的客户见状也悄悄离开了。

是的，客户交完钱还没出门呢，销售员的态度就有这么大的反差，这让客户怀疑自己被小凤忽悠了，他对小凤的信任也就消失殆尽。而小凤也会因为成交前后自己对待客户态度的反差而受到一定的质疑和惩罚，如果她不能向客户道歉，并给客户一个充分的理由，也许客户真会闹到退货的地步，这就得不偿失了。

无论销售成功与否、成交金额有多少,销售员对客户都应保持始终如一的良好态度。若收取客户货款后销售员就像变了一个人,那客户只能翻脸了。